# 昆虫カメラマン、秘境食を味わう

## 人は何を食べてきたか

山口 進
Yamaguchi Susumu



インターナショナル新書 133

写真／山口進

# まえがき

ご存じの通り、「ジャポニカ学習帳」の表紙を飾ってきた昆虫や植物の写真の数々を撮影してきたのが、本書の著者、昆虫植物写真家の山口進さんだ。

季刊誌「集英社クオータリー ｋｏｔｏｂａ」の二〇一七年秋号から、ご逝去される直前の二〇二二年秋号まで、二〇回にわたり毎回二ページの枠で連載記事「人は何を食べてきたか」をご寄稿いただいた。

担当させていただくことになり、光栄に思った気持ちは変わらない。

一般に、科学に興味を抱くきっかけというのは、自然界には人間にとっては信じられない事象があり、驚くべき生きものが存在することに触れ、そこに潜む法則や理屈を知った時の悦《よろこ》びに基づくのではないか。山口さんは「ジャポニカ学習帳」を通じて、そうした不思議や謎が自然界にあふれていることを子供たちに伝えてくれた。もちろん、自分もその恩恵を受けた一人だ。

「ｋｏｔｏｂａ」の連載では、珍しい昆虫や植物を撮影するために訪れた辺境での経験と、そこで出会った驚くべき食文化や愛すべき人々との思い出を綴っていただいた。珍しい写真とともに、毎回バラエティに富んだストーリーが展開され、事前の打ち合わせである程度の内容は知っていても、いい意味で想像とは違う原稿を送ってくださるのが通例だった。素晴らしい写真家は、名エッセイストでもあったのだ。

打ち合わせのたび、世界を飛び回った先々でのスリリングな体験談や食の話題をお聞かせいただいた。アイデアは無尽蔵にわきあがり、構想は次から次へと積み重なっていく。「目指せ、一〇〇回」などと笑いあっていた中、二〇二二年末、連載は突然終了してしまった。

著者とは「連載を続けながら、どこかのタイミングで書籍化したい」とよく話していた。誰もが知る写真家が遺《のこ》してくれた、撮影の裏の貴重なエピソードの一端を多くの方々に堪能していただきたい気持ちが収まらず、手にとりやすい新書にまとめることとした。

各章とも、本文のあとに掲載している写真は、連載時に候補としてお預かりしておきながら誌面の都合で掲載がかなわなかったもので、迷いに迷って選別したことを思い出す。それらのタイトルは、山口さんがそれぞれの写真に添えた名前を使用している。

全二〇章、楽しんでいただければ幸いである。

「人は何を食べてきたか」担当者

# 第1章

## 香料諸島をゆく
## ～パペダの魅力～

**色鮮やかな花々と昆虫の表紙が印象的な、「ジャポニカ学習帳」。一九七八年以来、山口進はその表紙写真をたった一人で撮り続けてきた。世界各地の昆虫や植物を撮影するため、現地の家庭に滞在することも多く、多様な文化に触れてきたという山口。長年にわたる取材で彼が目にしたのは、その土地に住む人々の食生活の変化だった。**

私は四〇年以上、赤道周辺を中心に旅してきた。専門である昆虫や植物を身近に観察するため、現地の民家に泊まり、寝食を共にすることが多かった。ある時はスマトラ島山中の民家、ある時はコンゴ民主共和国の森の村長宅、というような状況だ。

現地の人々と共に食卓を囲む中で、この世界には多様な主食があるのだと知った。私たちが日々口にするコメが、日本人の日常に深く根ざした存在であるのと同様に、あらゆる共同体には、その土地の生活や文化に根ざした主食がある。しかし、私はこの長い旅の中で、本来、不変であるはずの主食に大きな変化が起きていることに気がついた。

## すえたにおいのする、パペダ

特に印象に残った主食は「パペダ」である。これは、サゴヤシの澱粉《でんぷん》を熱湯で練りあげたものだ。パペダを初めて食べたのは赤道直下にあるインドネシアのワイゲオ島に滞在していた時だった。

二〇一二年三月、私はホタルの撮影のためニューギニア島西部のソロンから小舟でワイゲオ島に渡った。人口一五〇人ほどのベオ村では村長宅に寝泊まりしたのだが、そこの食事で出たのが白い水飴のような「パペダ」だったのだ。すえたようなにおいがきついのだが、島民たちはおいしそうに食べていた。最初は喉を通らなかったが、慣れてくるとほのかに甘く、二日目には何の抵抗もなくおいしく食べることができた。

装置を使いながら、幹の内部を砕いて粉にして、水にさらしながら漉《こ》していく様子。

パペダは、塩味にトウガ

ラシで味を引き締めた魚スープと相性が非常によく、島で豊富にとれる魚も毎日替わるため、毎食でも飽きることはなかった。

サゴヤシは湿地に多数自生し、高さ約一〇メートル、幹が直径一メートルにもなるヤシだ。樹齢一五年ほどのサゴヤシを切り倒し、幹の内部を砕き、粉を水にさらしながら漉していくと多量の澱粉が沈殿する。それを乾かして粉状にし、パペダの材料として保存している。モルッカ諸島でもパペダは広く食べられているが、サゴ澱粉を型に入れて焼いた、サゴパンというものもある。

一九世紀半ば、この一帯を旅行した探検博物学者のアルフレッド・ラッセル・ウォレス（一八二三〜一九一三年）も、トーストのようにサゴパンにジャムをつけて食べたことを著書『マレー諸島』（宮田彬訳　新思索社）の中で書いている。サゴヤシ一本からは約一〇〇キロの澱粉を収穫できるうえ、サゴパンは天日干しすれば何年間も保存できるという。生産性の高さ、保存性のよさ、飽きないおいしさでは主食として合格だが、栄養面ではミネラルやタンパク質、ビタミンなどをほとんど含まないため、副食が必要になるという弱点がある。

長期間保存ができるように、サゴパンを天日干しする。

## 人の移動がもたらす主食の変化

　こうした「香料諸島」とも呼ばれるインドネシアの美しい島々の僻地《へきち》にも近年小さな店がちらほらと姿を現し、店頭にはコメが顔を出し始めた。ベオ村にも一軒の雑貨屋があり、いつごろからコメが店頭に並び始めたか島の人の記憶は曖昧だが、私が訪れた二〇一二年ごろではないかと村の人は言っていた。インドネシアではジャワ化政策が盛んな時期があり、多くのジャワ人が各島に移住した歴史がある。彼らの移住が発端となり、コメが各島に広まったのではないかと私は考えている。

　しかし、ベオ村に限って言えば、漁業やオキアミを加工した発酵調味料のテラシ（ブラチャンなどとも呼ばれる）作りくらいしか収入源がなく、コメを日常的に買える人は限られている。パペダは幼いころから食べ親しみ、さらに安価であるため、コメはなくてもよいと考える人は多いようだ。一方で、インドネシアでは「ゴトンロヨン」という相互扶助精神が根付いている。お金に余裕のある人が貧しい人に食事を提供することが珍しくないため、所得にかかわらずコメを食べる機会があるという。そのため、若い人に尋ねてみると、パペダより、コメを食べたいと言う。伝統的なサゴヤシ生活にも変化が訪れようとしているのだ。

# 第2章　ザイール川をゆく

## ～マニオクの力～

**アフリカ大陸のコンゴ民主共和国に滞在した際、山口進は「マニオク」という主食を口にした。アフリカ中央部では近年食卓にコメが並ぶ家庭も増えてきているものの、マニオクは主食の地位を根強く保っているという。マニオクとコメが競り合う、アフリカ中央部の主食事情をさぐる。**

一九八八年一月、私はアフリカ最大の蝶ドルーリーオオアゲハを探して、アフリカ大陸のど真ん中コンゴ民主共和国のキサンガニにいた。一九六四年の第二次コンゴ動乱の舞台となった場所だ。動乱から二〇年以上も経っていたが、近代化には程遠く、取材には多くの困難が伴った。

インフレで物価が高く、首都キンシャサではスパゲッティが一皿三〇〇〇円以上、ガソリンは配給制で運転手を雇わないと車を借りることすらできない。世話になる人への土産も、わずかなクラッカーとコンビーフの缶詰しか手に入らなかった。

ザイール川を越えて、内陸部の森を車で走ると、目の前に蝶の大群が見えた。目的のドルーリーオオアゲハはいなかったが、アフリカ中央部にいる蝶の代表種をほぼ見ることができた。夢見心地で撮影を終え、運転手の知り合いの家に向かう。

## マニオクの魅力

暗くなると夫婦が庭に出て、白い粉をふるいにかけて臼に入れ、黄色いバナナをつぶしながらきねで捏《こ》ね始めた。その白い粉は何かと聞くと、「マニオク」という芋を粉にしたものだという。マニオク（キャッサバとも呼ばれる）はブラジル原産の芋のことだ。

マニオクの餅を作るため、マニオクを粉状にしたものをふるいにかけている。

夕食にはマニオクの餅《もち》が出た。クズウコンの葉に包んで蒸していて、ほんのり温かい。食感は羽二重《はぶたえ》餅のように柔らかく、バナナの香りがしてほのかに甘い。「おいしい」と私が言うと、笑いながら、「この辺りではどこの家でもこれを食べている」と説明してくれた。

マニオクはどこにでも生えているので食には困らないそうだ。確かにその村を散歩すると、マニオクがいたるところに自生し、畑もあった。

マニオクはポルトガル人により西アフリカに伝わり、現在のコンゴ民主共和国で栽培が始まった。荒地に強く、湿地でない限り、日当たりさえ良ければ手入れもいらない。

過去に訪れたスマトラやベトナムでは芋を蒸した状態で食べていたし、チップ状のマニオクを油で揚げたものがおやつになっていた。またブラジルではマニオクの加工過程で出る粉を炒《い》った、ファリーニャというふりかけがある。パリパリとした食感で、それを色々な料理にふりかけて食べていた。

このように、コメやパンが流通している地域でもマニオク嗜好《しこう》は衰えてはいない。

## なぜ有毒植物を食べるのか

大事な主食であるマニオクには大きな問題がある。死に至るほどの毒性が強い品種があるのだ。毒性が弱い品種は皮や芯のみに毒があるため、そこを取り除けば食べることができる。毒性が強い品種は解毒が必要で、水にさらす、天日干し、発酵などの方法を組み合

マニオクの根の部分。毒性が強いものは、解毒処理が必要だ。

マニオクを薄くカットし、天日干しにして解毒する様子。

わせて毒を取り除いている。ザルに入ったマニオクが、川に放置されているのをよく見かけたが、これは嫌気性《けんきせい》発酵という発酵方法だ。発酵させると澱粉の量が大幅に増え、栄養分も増えるという利点がある。

マニオクは澱粉量が多く、葉にはタンパク質、カルシウム、ビタミン類が含まれている。葉にも毒成分があるが、葉を細かく刻んだものを臼に入れて丁寧につき、加熱することで食べることができる。

これほどまでして毒性の強い品種を利用しているのには理由がある。主食としての生産性と保存性、そして味が優れているからだ。害虫や害獣に強く、やせ地でも育ち、収穫の期間が長い、保存性が高い、味や香りが毒性の弱い品種より優《まさ》っているという性質がある。

それはさておき、私がキサンガニの村に滞在中、一度だけコメが出てきたことがある。聞くと、わずかにコメを栽培しているというが、熱帯雨林での栽培は非常に難しいようで、コメはあくまでも贅沢な食物なのだ。

最近、コンゴ民主共和国在住の友人にコメやマニオクのことを聞いてみた。町ではパンが流通しているが、コメは不十分で手に入らないという。度重なる紛争でコメの生産に支障が出ていて、マニオクは町周辺部で相変わらず主食の地位を保っているようだ。彼は、コメはおいしいが高いのでパンかマニオクで十分だと話していた。

同じアフリカ中央部でもカメルーンの食堂ではコメ主体の料理が出てきた。もともとカメルーンはトウモロコシやマニオクが主食だったが、政府が灌漑《かんがい》水田を作り、コメの生産を始めた。生産量はそれほど伸びてはいないが、国民の嗜好はコメに傾いている印象を受けた。

マニオクの力とコメの力が競り合うアフリカ中央部の今後の主食事情に興味が湧いてくる。

# 第3章　ニューギニア高地をめぐる

## ～辺地のサツマイモ食～

**世界各地を飛び回り、昆虫や植物の写真を撮り続けている、山口進。撮影で南太平洋、パプアニューギニアの高地を訪れた際は、サツマイモを主食とする人々と寝食を共にした。私たちにとっても身近な食材のサツマイモ。四〇年以上現地の生活を見つめ続けてきた彼だからこそわかる、ニューギニア高地の食事情が語られる。**

加熱するだけで主食として成り立つ食材は、世界でもパプアニューギニア高地の「サツマイモ」以外に私は見たことがない。

四〇年以上前、昆虫写真家の活動をスタートした私は、南太平洋にあるニューギニア高地を目指していた。山間部にあるマウントハーゲンという都市を経由してたどり着いたのは、メンディという小さな町。自然が残り、昆虫も多く生息しているところだ。そこからさらに二時間車に揺られ、小さな村の村長宅にたどり着いた。

## 主食としてのサツマイモ

着いた日の午後四時ごろ、村長宅の女性たちが畑に行くというのでついていくと、二〇分ほど歩いたところにサツマイモ畑があった。女性たちはサツマイモを一抱え掘り終える

収穫したサツマイモをひもで編んだ籠に入れて、家に持ち帰る親子。蒸し焼きにするためのバナナの葉なども頭に載せて運ぶ。

と、ひもで編んだ籠に放り込み、持ち手を頭にかけて帰路に就いた。家に戻ると、サツマイモを洗いもせずにぽいぽいとそのまま焚《た》き火に放り込んだ。

四〇分ほどして木の棒でサツマイモを灰の中から取り出し、男性たちが加わるとそれぞれが勝手に食べ始めた。男性の一人が私に食べろと目配せをする。サツマイモの種類は複数あり、色や形がそれぞれ違う。食べてみると、日本のものより甘みが少なく、苦みを感じるものもあった。食感も少しずつ違っていて、ねっとりとしたもの、やや水っぽいもの、粉っぽくて水なしでは食べられないものなどさまざまだった。

ここでの食事は朝九時と夕方六時の二回だけで、一回に摂取する量は大きなイモ二、三個のため、思ったよりも少食だ。現地の人々と同じ食事を続けていると、体に変化が起きる。体内から不要なものが出ていった感じがして体が軽いのだ。今まで感じたことのない爽快感だった。

ただし、サツマイモ食の唯一の問題は、他の食材同様、食べ続けると飽きることだ。味と食感の違いで村の人たちは満足しているようだが、私にとってはどれも「サツマイモ」でしかない。副食、特に肉が食べたくなってくる。

約一カ月間の滞在中、常に疑問に思っていたのは、サツマイモの栄養価だ。サツマイモは準完全食品といわれるほど栄養価が高いが、タンパク質が足りないはずだ。ところが彼らは見事な筋肉質の体を持つ。筋肉を形成するタンパク質をどこから得ているのだろうか。

男性たちはタンパク源となる野ブタ、野鳥などを狙って毎日のように狩りに出かけていくのだが、獲物なしで帰ってくることが多い。理由は野生動物が減ってしまったからだ。赤道付近に位置するが、ニューギニア高地は低地の熱帯気候とは異なり、季節性がなく温暖で暮らしやすい。マラリアなどの病気に悩まされることも少ないため、人口密度が高くなった。そのため、食料を得るための狩りが頻繁に行われるようになり、野生動物が減ったのである。村では豚を飼育しているが、祭りなど特別な時にしか食べる機会はない。

### 昆虫でタンパク質を摂取

野生動物を食べないかわりに、彼らは昆虫をよく食べる。ゾウムシの幼虫、ナナフシなどは持ち帰って焼いて食べていた。クワガタムシを見つけると、その場でおなかを引きちぎって体液を吸う。このようにして、サツマイモでは補えない動物性タンパク質を補っているのだろうと私は推測していた。

一五年後の一九八六年、私は再びニューギニア高地を訪れた。メンディを初めて訪れた時は家が一〇軒程度しかなかったが、再訪時には車が走るようになるなど、かなり近代化していた。山中の村は前回と比べてほとんど変化がなく、主食は変わらずサツマイモだった。しかし食卓にはカボチャやキャベツなどがあり、イワシの缶詰がいくつも棚に並べられていたのに驚いた。

さらに二〇一六年の一二月には、ニューギニア島西部のインドネシア・西パプア州のアルファック山（標高二九五五メートル）に一カ月ほど滞在した。道沿いにパプア人の村が点々としているが、そのうちの一つ、メニ村では主食はサツマイモとコメの半々だった。その地域にはインドネシア人が多く移住していたので、彼らがコメを伝来させたのであろう。さらに山奥にあるミニャンボウ村では、サツマイモが主食でコメはほとんど食べられていなかった。

四〇年以上の間、三度にわたる観察から、ニューギニア高地ではサツマイモ食が根付いていることが理解できた。

ニューギニア高地のサツマイモを分析したデータを見ると、品種によっては日本のサツマイモの二倍ものタンパク質を有するという。これに加えて昆虫や、時々食べる豚や野鳥などの動物性タンパク質を摂取することにより、必要量を満たすことができているようだ。

近年の研究で、ニューギニア高地人の尿素再利用率や、腸内フローラなどの生理的特徴が、日本人とは違っていることがわかり始めている。この体質が、少量のタンパク質でも見事な筋肉を維持できる要因ではないかとも推測されている。

ニューギニア高地の気候と火山性土壌によりサツマイモは一年中栽培が可能だが、サツマイモを主食にできる人々は特別な体質を持つニューギニア高地人に限られるというわけだ。サツマイモ食はおそらく世界に広がることはないだろう。

# 第4章

# ベトナム山岳地帯を歩く

## 〜美しい棚田とコメ事情〜

**写真家の山口進は、世界各地での四〇年以上にわたる取材を経て、コメの需要が世界各地で拡大するなど、食をめぐる環境の変化に気がついたという。多様な食材が手に入るとはいえ、日本でもいまだ私たちの主食として欠かすことのできないコメ。そのコメが抱えている問題を自然ジャーナリストでもある山口が考える。**

ベトナム北部の山岳地帯では、急峻《きゅうしゅん》な地形をそのまま生かした棚田が果てしなく続く風景を見ることができる。

六月、ちょうど田植えの美しい季節を迎えていた。急斜面を登って振り返ると、狭い流線形をした棚田の連なりが、まるで航空写真のように真上から見下ろせた。

その時、はっと気がついた。棚田の中に点在するすべての家の周りに、人が行き来するための生活道路が見えない。しばらくすると買い物帰りらしい親子の姿が見えた。どうするのか、じっと観察してみると、幅一五センチ足らずの細いあぜ道を歩いて家に入ったのだ。

私はその細いあぜ道をよろけながら歩いてその家を訪ねた。先ほどの女性と子供が中から出てきたので聞いてみると、嫁入りした時からあぜ道を生活道路にしてきたのだという。

家を取り囲むようにして作られた棚田。住民は、田んぼの細いあぜ道を生活用の道路として使っている。

家を建てた時にはどうだったのかと聞くと、奥にいた老人が、少しだけ広い道があったが、田んぼを広げるためにすぐに切り崩したと教えてくれた。

彼らに挨拶をして家をあとにし、他の田んぼも見て回ることにした。ここでまた不思議な光景を見た。

## 土地を利用した、独特な棚田の形状

多くの場合、山の斜面を利用した棚田の最頂部には林が残されている。それは雨水を受け止めることによって、土砂崩れを防ぐためだ。ところが小高い丘全体を棚田にして、最頂部を平たく削りしつらえた田があるではないか。どのようにして最頂部へ水を入れているのか疑問を持ったが、近接したやや高い位置にある田んぼから竹筒で水を引き込んでいるのがわかった。元の地形を変えずにより広い田んぼを確保しているのだ。自然は利用するが元の形は変えない、という彼らの思想の表れを垣間見た。

このことから、多くのコメを作ることが、ここに住む人にとっていかに重要であるか読み取ることができる。

山岳民族と暮らした二週間の山生活の中で特に衝撃的だったのは、彼らのコメの消費量の多さだ。

例えばある日の夕食、大きな鍋には相撲取りでもいるのではないかと思われるほど大量のコメが炊かれて湯気を立てていた。野菜と肉の炒め物とザーサイの入った小さな皿が土間に置かれ、その周りを取り囲むように座って食事が始まった。

驚いたことに、彼らは大きな鍋からホカホカのご飯を器につぐやいなや、横に置いた大きなヤカンから水を器に注ぎ込んだのだ。湯気が消えた水入りのご飯をさらさらとかき込み、おかずを一口つまんだ。なぜ水を入れて食べるのかと聞くと、「こうするとご飯がたくさん食べられる」と返してきた。ご飯を三、四回もお代わりをし、それが一日三回繰り返されるのだからコメの消費量は尋常ではない。

コメはエネルギーのもとになる糖質に富み、ミネラルやビタミンなどを含む食物のため、コメを食べることである程度の基本的な栄養素を摂ることができる。物資供給がままならない山岳地帯でコメは欠かすことができない重要な食料なのだ。もちろん、動物性タンパク質は他の食材から補わなければならないため、彼らのおかずには必ずといえるほど肉が含まれている。

しかし、市場に行ってもコメを売っていることは少なく、ほとんどが自給自足をしているようだ。それにしても、作付けが可能な場所に少しでも多くのコメを作らなければ、山岳地帯に住む人の生活を支えることは難しいのだろう。

## 世界の主食へと変化するコメ

四〇年以上、取材で世界を旅してきたが、年々各地でコメ人気が高まり、コメの消費地が拡大しているのを実感している。かつてはサラダの一部としてしか用いられなかった地域で、今や堂々と皿の中心に置かれているのも見かける。

これまで紹介してきたサゴヤシ、マニオク（キャッサバ）、サツマイモ、これらはほとんどが自然からの恵みだ。自然環境さえ保たれれば自生してゆく。

イネも元は自然に生育していた植物だ。イネの原種はアジアを中心に生育しているが、原種のイネは脱粒性（熟したモミがバラバラと落ちる性質）や味、収量などの問題からそのままでは食用として利用できない。それを長い間時間をかけて改良してきたのだ。栽培技術や品種改良のおかげで、味が良く収量が多く、病気に強いイネが作られてきた。

現在は改良を重ねられた品種、つまり似たような遺伝子を持つイネばかりが作付けされている。このことは予期しない気候変動や病害虫の発生などにより、全滅する危険性をはらんでいる。

もしなんらかの要因で現在使用されているイネが育たなくなったとしても、原種が残っていれば再び改良を重ねることができる。ところが、橋の建設などイネが生育する水辺の開発の影響で、わずかに残る原種の生息地は減少する一方だ。その保護すらもままならない状況がある。

世界人口が増え、ますますコメの重要性は高まる中、自然環境を保つことの大きな意味がコメからも見えてくる。われわれは自然の中でしか生きてゆけないことを再確認する時がきている。

# 第5章

# メキシコの宝・バニラ

## 〜一頭のハチがもたらしたもの〜

**スイーツに欠かせないバニラ香料。観葉植物としても人気のバニラは原産地の一つメキシコではそこかしこに自生しているものの、香料に加工された途端に希少価値が高まり、ここ近年市場価格が急騰している。このような植生の豊かさに反した香料としての希少性の背景には何があるのか。自然ジャーナリストでもある山口進が、謎に満ちたバニラに迫る。**

サフランの次に高価なスパイスがバニラビーンズだ。バニラはランの一種だが、謎が多い植物だ。原産地の一つはメキシコ、主としてカリブ海沿岸に分布している。

バニラの香りの元は種子にある。バニラはランなので、花が咲き、実がなる。しかし、これだけでは高価になる理由が見つからない。

バニラの原産地を訪ねたのは一九九〇年の春。森に入ると、木に這《は》い上るように生えるバニラがそこかしこに見つかる。一五年ほどの調査で、私の探し方が悪かったのかもしれないが、花は時折見つかるものの実を発見したことはなかった。

一般的に花は昆虫を利用して、受粉し、実をつける。香りや蜜、そして色や形を工夫して花は昆虫を誘っている。ここで問題なのは、昆虫が確実に仲間の花に花粉を運んでくれるかどうかだ。

バニラの実を天日干しする様子。黒光りして、芳香を漂わせ始めている。

例えば豆の花に来た昆虫が菊の花に花粉を運んでいっても意味はない。せっかく準備した蜜や花粉をただで昆虫に持っていかれ、エネルギーの無駄遣いで終わる。

そこで花たちは無駄をなくすために特定の昆虫と契約を結ぶように進化する。特定の昆虫が好きな報酬を用意して花粉を運ばせるのだ。そうすると確実に仲間に花粉が運ばれることになる。

この戦略で成功している植物がランの仲間だ。中南米に分布するランの仲間の受粉にはミツバチなどに近いシタバチの仲間が関係している。ランはシタバチが必要とするさまざまな物質を準備して、特定のシタバチだけが来るように仕組んでいる。そのため、シタバチの仲間は二〇

○種ほどいるが、ラン一種に対し一種のシタバチだけが来るような例が多い。
ではバニラに来るシタバチはいるのだろうか。

## 長年の技法で引き出される芳香

メキシコのバニラの生産地はメキシコ中東部にあるパパントラ周辺だ。ここに住むトトナカ族の人たちがバニラの生産を一手に担っている。

バニラの実は大きなサヤインゲンのように見え、青臭く、あの特有の甘い香りには程遠い。通常、青い実は一カ月ほどで熟し中に種子ができる。やがて実は乾いて裂け、中から無数の種子が飛び出す。ところが、何らかの原因で実が乾燥することなく発酵し熟成すると、かぐわしい香りを持つようになる。かつてこのような香りがするバニラの実をトトナカの人たちが偶然に見つけ、青いバニラの実を特別な方法で熟成させる技術を発明したと私は考えている。熟成したバニラの実の中には粉のようなかぐわしい種子が入っているのだ。

その技法は今にも受け継がれている。訪ねた家の庭ではバニラの実を棚に広げ、天日で乾かす作業が行われていた。

花粉採取用のバニラの花。

バニラの人工授粉の様子。

数千本の細長いバニラの実はすでに数日間干され、熟成が進んでいるのか、黒光りして甘い香りを漂わせていた。毎日天日に干して昼過ぎには布で包んで樽《たる》に入れ発酵させる。その繰り返しで香り高いバニラの実ができるのだという。作り手によって干す期間や熟成の仕方のわずかな差で個性が出るらしい。トトナカのバニラ栽培農家の父と彼の息子はバニラの実の熟成度合いを確認するため手で触り、吟味していた。

## 昆虫を利用する受粉に例外が

彼らが熟成させていたバニラの実はどこから採取して来たのだろう。これだけの数を自然から集めるのは絶対に不可能だ。

翌日尋ねると、父のほうが家の裏手にあるバニラ畑を案内してくれた。時刻は午前九時を回ったところで、すでに作業をしている息子の姿が見えた。手に細い木の棒を持ち、胸ポケットには二輪のバニラの花が挿し込まれていた。

その一つを取り出し、木の棒で花の内部を撫でると、二ミリほどの黄色い花粉塊《かふんかい》が先端についた。その花粉塊をバニラ畑で咲く花につけてゆくのだ。バニラの花は早朝に咲き、一二時ごろにはしぼんでしまう。その短い時間の中で多数の花を受粉させるのは重労働だ。

だが、こうでもしないとバニラは結実しない。長くバニラを観察している研究者も、自然の中で見たバニラの実は、四〇年間でたった一つだけだと話してくれた。

しかしバニラも植物、子孫を残さなければならない。花粉を運ぶ昆虫がいないはずがない。現実にわずかであるが、自然交配された実が見つかるという。先程呈した疑問に対し、二〇〇六年にバニラの花を訪れるシタバチの種類が特定されたが、その後の追跡調査や確認はなされていない。

バニラの生産は世界に広がったが、どこも人工交配で実を得ている。熟成は機械的にも可能となったが、栽培も難しく手間暇がかかるうえ量産はできない。これらのことがバニラの価値を高めているのだろう。

人を魅了してやまないバニラがこの世に出現できたのは、トトナカ族による芳香を放つバニラの実の偶然の発見と受粉・熟成の工夫。そしてその偶然を導き出したのは、バニラの花に花粉を運んでくれた一頭のシタバチの働きなのだ。

天日干しする親子。39ページに掲載する写真の候補だった1点。大量のバニラの実を天日干しするにはムラなく並べなければならない。

天日干しする親子。同じく39ページに掲載する写真の候補。この無数のバニラの一本一本が手作業で採取される。

熟成度をチェックする。適度な乾燥と熟成のバランスを確認。

熟成度をチェックする。感触を手で確認していく。

香りを嗅ぐ。これほど多くのバニラの芳香を一度に吸い込めるのは、栽培農家の役得。

# 第6章

# スマトラの僻地を歩く

## 〜シナモンは毒の香り〜

肉桂《にっけい》などとも呼ばれるシナモン。微量でさえ際立つ香りは、料理からコーヒーなどの嗜好品まで幅広い用途で愛用され、「香料の王様」とも呼ばれている。かつてシナモンアレルギーに悩まされた筆者をして魅了される香りは、どこから来るのか。

一九九八年から一五年間ほど、世界最大の花ショクダイオオコンニャクを探してインドネシアのスマトラ島を歩き回っていた。

どこでいつ咲くかもわからず、しかも咲いてから二日目にはしおれてしまう手強《てごわ》い相手だ。時折入って来る不確かな情報だけが頼みの綱だ。

ある日、スマトラ西部の町パダンの南東にあるカユ・アロの町に向かった。観察例があると町の人から教えられ、半信半疑で車を走らせる。約六時間後にクリンチ山が見えて来ると、やがてカユ・アロの町に着いた。

熱帯雨林の急な斜面を好むコンニャクの花を探すのは、至難の業だ。ドロドロの赤土の斜面をひたすらもがきながら探すしかない。

予定の二週間を過ぎても手がかりすら得られない。その日も探し疲れて町への道を一人歩いていた。喉を潤そうと屋台に入ると、若い青年がいた。話しかけると、明日、シナモ

カユ・アロの町を目指す中、富士山のような裾広がりのクリンチ山が見えてくる。

ンの皮を剝《は》ぎにゆくと話してくれた。

シナモン!?

実は、私はシナモンアレルギーの持ち主なのだ！

ずいぶん前のことだが、シナモンガムを噛んだ翌日、舌が口いっぱいに膨れ上がった。痛みを伴い喋《しゃべ》ることができない。氷で冷やすと半日ほどで腫れは引くが、舌の感覚がしばらくはなくなる。歳月を経てこのアレルギーは鳴りを潜めたものの、それ以来、私はシナモンと聞くと異常に反応するようになっていた。

シナモンとは何か、どのようにして採取・利用されているのか、なぜアレルギーが起きるのかと興味を持つようになったが、シナモンの採取現場など簡単には見つけ出せない。私はコンニャクの花探しを中断して、この青年にシナモン採取の様子を見せてくれるよう頼んだ。

## 二年サイクルの小規模栽培

最古の香料であるシナモンはクスノキ科ニッケイ属の木の総称だ。種類がいくつかあり、セイロン原産のセイロンシナモンと、中国原産のシナニッケイが主に香料として使われ、後者はカシアまたはニッキとも呼ばれている。

品質で最高とされているのはセイロンシナモンだが、通常使われているのは安価なシナニッケイが多い。どちらにせよ、インドネシアは原産地ではない。どこからか移入されたものだ。

栽培が大規模になると、機械化され、農薬などが多用される。それでは自然と人との共生関係が薄れてくる。人の手だけに頼る小規模栽培こそ人と自然との密接な関わりが見られるのではないかと私は考えている。目の前にあるシナモン栽培は、その小規模栽培を見るよい機会だ。

翌日、青年が迎えに来てくれた。小さなオートバイに乗って二つほど山を越えると、採取現場にはかぎ状の鎌を持った数人の青年がすでに待っていた。

山肌を見ると、六〜七メートルほどの、高さが揃った若い林が見えた。そこにはシナモンの木が二〇本ほど植えられている。このような小規模のシナモン林が周辺に点々とあって、二年ごとにローテーションで利用するらしい。二年目の木は幹の直径が二〇センチほどしかなく、青年たちが次々と根元から切り倒していくと、シナモンの香りが漂い出す。

樹皮を剥がす作業。

あっという間に全ての木が伐採され、彼らは間髪を容れずに鎌で樹皮を剝ぎ始めた。樹皮の端に切り込みを入れ、つかんで片手で持ち上げると、シューッと音を立てて樹皮が剝がされ、真っ白な木質部が現れる。

一センチにも満たな

樹皮は細い枝先にいたるまで丁寧に剥がしていく。

い細い枝の樹皮も剥がしてゆく。剥がされた樹皮は小分けにされてオートバイの荷台にくくりつけられる。すぐに乾燥させないと香りが弱くなるという。

町に持ち帰り、ゴザの上に樹皮が並べられた。数日天日干しにされたシナモンの樹皮は束にして市場に運ばれる。

安価であること、セイロンシナモンは内皮を使うのに対し、樹皮を丸ごと乾燥させて粉にして使うなどの点から、ここのシナモンはシナニッケイのようだ。

## 芳香の正体は忌避物質

インドネシア料理の代表とも言えるのがルンダンだ。牛肉をさまざまな香辛料とココナツミルクで煮込んでゆく。もちろん、シナモンの粉末が少し入っている。直径一メートルもある鍋に材料を入れ、時々大きなヘラでかき混ぜる。調理は朝九時に始まったが、料理ができあがったのは、夕方になってからのことだった。

剝がした樹皮は乾かしてから出荷される。

コクと旨味で溢《あふ》れた肉をご飯とともに手で口に運ぶ。かすかなシナモンとクローブの香りが鼻から抜け、うまさで胃が喜ぶのを感じる。シナモンはかすかに感じる程度だが、この料理はシナモンなしでは成り立たない。忌み嫌っていたシナモンが、今や自分にとってなくてはならない存在であることを実感した。

ところで、私のアレルギーのもとになった物質はなんだったのか。調べてみると、シナモンは摂取しすぎると肝臓障害をおこすクマリンという化学成分を含んでいるらしい。しかも、クマリンはあの狂おしい香りの正体だという。

クマリンを含む植物は身近にある。桜餅に使う桜の葉の香りもクマリン由来らしい。

植物は敵から身を守るため、「トゲを持つ」「攻撃的なアリと共生する」「化学物質を持つ」など工夫をしている。特に化学物質は大型草食獣に対して効果的だ。自然下で木の葉が丸坊主になることはあまりない。これは昆虫や動物などに葉を食べられ始めると、化学物質を出してまずくして、食べる気をそいでいるからだ。

私のアレルギーの原因もこの辺りにありそうだ。ヒトは知恵を出して毒を制し利用するが、植物が攻撃の手を緩めることはない。大型雑食獣のヒトも植物の天敵に他ならないことをシナモンに教えられた。

51ページに掲載する写真の別候補。樹皮を剝がし始めた場面。

# 第7章

# 国を挙げるに値した香り

## ～黄金のスパイス、丁子～

**地球が丸いことを証明した大航海の目的は、あるスパイスの確保だった。かつて金《きん》と同等の価値があった、芳しく効能に満ちた丁子《ちょうじ》（クローブ）に人々は魅了され、翻弄された。巨大な蝶の撮影のために目指した、インドネシアのセラム島。入域許可証を発行してもらえない山口がとった行動が、気力を奮い立たせるほどの魅力的な香りにつながっていく。**

**地球は丸い**

一四～一五世紀のヨーロッパでは、食材として魚、野鳥、牛や羊などの塩漬けが重宝され、それをオリーブ油などで調理した。

ややもすれば臭くて塩辛い食材を、より美味《おい》しく食べるためにはスパイスが不可欠とされた。それは食品の保存性を高めるとともに、食欲増進や薬の役割も担っていたからだ。中でも抜群の防腐性と殺菌力があり、催淫媚薬《びやく》としての力まで持っているのが丁子だ。その香りは他を圧倒するほど爽やかで、どんな料理にも使うことができる。そのため、丁子は紀元前からヨーロッパにもたらされていたが、極めて希少で、金と比べられるほど高価だった。

丁子の産地を、商人たちは長い間明かさなかった。ところが、大航海時代の真っ只中にある一五一一年、ポルトガルのアルブケルケ将軍がインドネシアの北東に位置するモルッカ諸島に到着し、テルナテ島の王と修好を結んだ（※諸説あり）。ここで丁子はモルッカ諸島にしか分布しない稀有《けう》な植物であると知られることになる。

その詳細を知ったスペインは、大航海後に引退していたポルトガル人のマゼランを丁子調達のため、モルッカ諸島に向かわせることにする。すでに喜望峰（バーソロミュー・ディアスが一四八八年に到達した、アフリカ大陸南西端の岬）やマラッカ海峡についての情報が得られ、地球が丸く、一周できるであろうことは多くの人が認めるところであったが、一方で実際証明されてはいなかった。そこでスペインは、東回り航海を進めていたポルトガルに対抗して、マゼランを西回りで航海させることにしたのだ。

一五二一年、マゼラン率いる五隻の船団は、南米マゼラン海峡を回り、モルッカ諸島を目指すが、誤ってフィリピンのセブ島に着く。そこでマゼランは現地人との抗争で命を落とし、船団は二隻に減った（※諸説あり）。しかし、残りの者たちがボルネオ経由でモルッカ諸島に向かい、チドール島に到着。大量の丁子を積み込み、喜望峰を回ってスペインに帰り着いた。

この航路は平面の世界地図で見れば相当な距離に思える。しかし、地球が丸ければ、南半球では南へ向かうほど東西方向の距離が短くなるはずであり、この丁子が目的の航海から、地球が丸いことが実証されたのだ。

## 密航

一九七九年三月、私はモルッカ諸島最大級のセラム島へ渡ろうとしていた。目的は巨大な蝶、ゴライアストリバネアゲハの撮影だ。

当時、ジャワ島やバリ島以外の島に渡る時は、「スラット・ジャラン」と呼ばれる入域許可証を取得しなければならなかった。アンボン島までの許可はバリですぐに得られたが、次なるセラム島への許可が問題だ。

アンボン島に着いたその足で、私はセラム島への許可申請のため警察署に赴いた。ところが、「袖の下」を渡さなかったせいか、四日経っても許可は下りなかった。船の持ち主と小さな食堂に入ったところ、彼は耳元で「早朝三時に港に来い」とボソッと言った。

翌日の早朝、私たちは真っ暗な中をアンボン島の北にあるリアンの港からセラム島に向かった。船主は見つかるのを恐れてライトも点けず、私を小さなボートの船底に横たわらせ、黒いビニールシートをかけた。

セラム島の海岸。

四時間後、ついにセラム島の名もない海岸に着いた。港はなく、砂浜に住民が出てきた。その日は村長の家に宿泊し、翌朝、対岸のアマハイまで再び船で移動して、そこから山に入ることにした。目的のピリアナ村までは徒歩で四時間、標高四〇〇メートルほどの山をいくつか越さなくてはならない。

ポーターとともに歩き出して一時間ほどした時、私は気力を奮い立たせるような清冽《せいれつ》な香りが森に充満していることに気がついた。

この丁子の香りの洗礼を初めて受けたのは、ジャカルタのハリム空港だった。タラップを下り、ターミナルに入ると、空港中にこの森と同じ匂いがしていた。香りの出どころが丁子入りのタバコであることはのちに知ったのだが、瞬く間に丁子の香りに魅せられてしまった。私にとっての丁子の魅力は、味ではなく香りにある。

インドネシアでは丁子のことを「チェンケ」という。辺りを歩き回ると、その香りは、斜面一面に生えているクスノキのような葉をした大木から漂っているようで、それが丁子の木らしい。丁子は蕾《つぼみ》を乾燥させて香辛料とするのだが、ポーターの話では、二月に収穫は終わったという。それにしても、この爽やかで強烈な匂いは素晴らしい。汗みどろの体に涼やかな風が一瞬通り過ぎるのを感じた。

約一週間で、目的のゴライアストリバネアゲハは撮影でき、下山の日が来た。

帰りの船を待つためにアマハイの村で数日を過ごすことになった。トリバネアゲハを撮影した山奥のピリアナ村では仕事がなく、農産物も作っていないので、食べるのに精一杯だったのに対し、この村の人たちは気持ちが穏やかで、一日中ブラブラしていることが多い。その生活のゆとりは丁子の収入からくるものだった。この村での主な換金作物は丁子で、年に二回収穫をするだけで十分な金が入ってくるという。

しかし、丁子の木は樹高が六〜一〇メートルもあり、蕾は上の方にしかつかない。これは熱帯雨林の常で、常緑樹が密集するため、花は太陽光が当たる林冠《りんかん》に集中するからだ。さらに、採取のためにハシゴや足場をかけるのだが、植生しているのが斜面であるため危険極まりない。丁子が高価な理由は収穫の難しさにもありそうだ。

丁子の木は、村に近いものは植栽したものだが、私が通った山道の周りは全て自生だという。

セラム島からアンボン島に戻り、かつてスペイン人やポルトガル人が目指した丁子の一大産地テルナテ島に向かった。

以前は丁子の最大交易港であったテルナテ島でも丁子栽培は盛んだが、ほとんどが植栽されたもののようだ。自生のものとは木の「勢い」が違うことから、判別は簡単だ。私は海岸に立ち、チドール島を眺めながら丁子を巡っての長く苦しい中世の歴史を回想した。

かつて丁子を求めて多くの犠牲と莫大な資金が費やされてきた。時はさらに流れ、今や、その歴史を知る人も減り、価格の低下も進み、丁子に頼る時代は終わっている。思い起こすと、栄枯盛衰の儚《はかな》さを丁子に教えられた旅だった。

テルナテ島から望むチドール島。

喜望峰に屹立する碑。南アフリカ共和国ケープタウンの一端。

喜望峰。喜望峰は第9章でも関係する要所。

喜望峰に屹立する碑。バーソロミュー・ディアスの記念碑の近くには、インド航路を拓いたバスコ・ダ・ガマの記念碑がある。

# 第8章

# ウォレスの足跡をたどる
## ～贅沢へ誘うナツメグの香味～

**進化論の陰の立役者、ウォレス。ダーウィンを激しく動揺させた「テルナテ論文」はどこで書かれたのか？　ウォレスに憧れて訪れたモルッカ諸島には、その地域にしか育つことのない世界四大スパイスの一つ、ナツメグ（ニクズクの木の果実の種子）が稔れる木があった。**

一八五八年三月、イギリスの探検博物学者アルフレッド・ラッセル・ウォレスは、モルッカ諸島の一つテルナテ島から一通の手紙をチャールズ・ダーウィンに送った。内容は「テルナテ論文」として今に知られているが「変種がもとのタイプから限りなく離れてゆく傾向性について」というものである。いわば「進化論仮説」ともいうべきものだ。ダーウィンの手に手紙が渡ったのは同年の六月一八日とされているが、この時期にダーウィンはまだ自説を展開していなかった。

## テルナテ論文の波紋

ウォレスは「テルナテ論文」を彼が信奉する地質学者チャールズ・ライエルに見せてくれるようダーウィンに頼んだに過ぎないのだが、それを読んだダーウィンは激しく動揺した。というのも、それはダーウィンが展開しようとしていた「進化論」を、より具体的、

テルナテ島の風景。左上に砦が確認できる。

科学的に実証しようとするものであったからだ。

しばらくして、ダーウィンはウォレスと共同で「自然選択による進化理論」を発表するのだが、翌一八五九年には単独で書き上げた『種の起源』を発表する。

一八五六年一〇月以後ダーウィンに送られたウォレスの手紙の数通、さらには「テルナテ論文」の原稿と手紙は見つかっていない。このミステリーは、当初のダーウィンの動揺と取り巻きたちの焦りを見事に表しているとしか言えない。

ウォレスは四年間のアマゾン川探検の後、一八五四年から一八六二年までマレー諸島で博物調査を行った。旅はシンガポールに始まり、ボルネオ、スンダ列島、そしてモルッカ諸島などを何度も行き来し、標本を集め、調査を繰り返した。多くの生物を観察し、自らの足で歩き回った結果が「テルナテ論文」なのだ。

私はウォレスに憧れ、彼の足跡をたどる旅をしばらく続けてきた。

## ナツメグの島

ずいぶん前のことだ。「テルナテ論文」をどこで書いたのか、私は知りたかった。モルッカ諸島を頻繁に訪れている最中《さなか》、住民からウォレスの家が残っていることを伝え聞いた。住民に連れられていった住居には、すでに誰かが住んでいた。

ウォレスの著書『マレー諸島』にテルナテ島で住んだ家の間取りが記されている。太いエンタシス様の柱で支えられたベランダを抜けると、中央に広間があり、その左右に三つの部屋がしつらえてあった。本に書かれているのと同じ間取りだ。しかもその立地は浜まで五分、反対側には山が見え、家のすぐ下にはポルトガル人が作った砦もあるなど、記述と一致する。ウォレスの住んだ家と判断しても良さそうに思えたが、軽はずみな判断はできない。

近年、この家は朽ち果ててしまったと聞くが、どちらにしてもこの島のどこかでウォレ

実るナツメグ。

スは「テルナテ論文」を書いてダーウィンに送ったのだ。彼は「テルナテ論文」を送る直前にバンダ諸島に滞在していた。そこでナツメグを観察した記録を残している。私は、丁子やナツメグがなぜモルッカ諸島にしか産しないのかという大きな疑問を抱えていた。

その答えのヒントをウォレスは書き残している。「(バンダ列島では)島のほとんど全表面に、丈の高いカナリアノキの日陰にナツメグが植えられている。島は一年中どの月も多少の雨量があるので、火山性の軽い土壌、日陰、過度の湿度は、ナツメグの生育にまったく適しているようである」と。さらに面白いことに「強引で不自由な栽培方法によってシンガポールやペナンでナツメグ栽培者を破滅に追い込んだ病害も、ここではまったく見られない」ともある（『マレー諸島』宮田彬訳　新思索社）。ナツメグがモルッカ諸島でのみ見られる理由がかすかにうかがえる記述だ。

## メースと種子

現在は広く利用されるナツメグだが、中世のヨーロッパでは丁子よりもかなり遅れて利用され始めた。同じ場所に産しているのに、なぜナツメグの利用が遅れたのか。

丁子とナツメグを比較した時、薬効や食欲増進効果などはほとんど変わらない。しかし、丁子は防腐効果が強いのに対し、ナツメグは腐敗を遅らせる効果しか持たないのだ。あくまでも私の推測なのだが、中世ヨーロッパの食事事情を見ると、まずは腐敗を防ぐことが重要だったと考えて差し支えないだろう。そのため、当初は丁子がもてはやされ、防腐がうまくいくと、次は味や香りを楽しむように料理に対する感覚が洗練され始め、香りがより爽やかで甘く、どんな料理にも合うナツメグが利用されだしたのではないか。

私はナツメグをテルナテ島で見たのだが、六メートルほどの木に実がたわわになっていた。クルミほどの大きさの実が熟してくると、二つに割れ、中から種子を網のように包む鮮やかな赤い仮種皮「メース」が姿を現す。収穫後、種子とメースは分けて乾かされ、種

二つに割れた実(写真右下)。メースと呼ばれる赤い仮種皮が、種子を包んでいる。種子とメースは別々に分けてから乾燥させる。

子をナツメグとして売るのだが、メースは種子よりもはるかに香り高く爽やかだ。その分量の割合は約一対七で、メースの量は少ない。

モルッカの人たちはヨーロッパ人がメースばかり買わないように、必ず種子と抱き合わせで売ったというのも頷《うなず》ける。人は足るを超えて贅沢になる。ナツメグの歴史はそれを証明するかのようだ。

海岸から離れると、小さな集落の庭にナツメグが干してあるのが見えた。私が撮影をしていると、中から五〇歳代と思われる女性が出てきた。「ここのナツメグは甘い香りがするよ」と自慢げに言う。しばらく話をして辞去しようとしたら、女性が「二日後にここに来なさい、ナツメグの料理を作ってあげるわ」と言った。

二日後の朝、数人の女性たちが庭の真ん中に直径一メートルもある鍋を用意して肉を煮ていた。インドネシアの典型的な料理「ルンダン」ではないか。私の大好物だが、まさかテルナテ島で食べられるとは思ってもみなかった。しかし、いつものココナツミルクに丁子やニンニクなどが混じった覚醒するような香りとは違い、バニラのような爽やかな甘い香りがする。女性は「メースを入れたのだ」と自慢げに笑った。私は近くの店から生ぬるいビールを買ってきて、家人たちに振る舞った。

その夜は丁子とナツメグの香りに包まれながら、酔いとともにふけていった。

ナツメグの木。幹も枝も細いが、茂る葉や実る種子の分散具合がわかる。

ナツメグを乾かす。厳密に言うと、ナツメグはニクズクの木の種子から皮を取り除いた「仁」という部分を加工したもの。

# 第9章

# 最もシンプルな食事

～最後のおかずはトウガラシ～

**「アメリカ大陸発見」の偉業を成し遂げたとされるコロンブスの本当の功績は、実はトウガラシをヨーロッパに広めたことなのかもしれない。世界中で愛されるようになったトウガラシではあるが、もっともショッキングな食べ方がセラム島のピリアナ村にあった。**

クリストファー・コロンブスといえば、誰しも「アメリカ大陸発見」の偉業を成し遂げた探検家と認識しているかもしれない。

当時「地球球体説」が一般に信じられていたことから、コロンブスは西回りで航海すれば、極東の「黄金の国ジパング」に到達できるであろうと考えていた。しかし、ポルトガルの王室からは航海の援助を受けることができず、妻の死に伴い、一四八五年、スペインへ移ることにした。一四九二年四月、彼はついにスペイン王室と「サンタフェ条約」を締結し、航海の費用や成功報酬に関する約束を取り交わすことができた。

航海の目的は金《きん》と香辛料にある。同年八月、コロンブスは三隻の船に一二〇人の乗組員を乗せて大西洋を西へ向けて出航した。同年一〇月にカリブ海・西インド諸島（インド到達との誤解に基づき、こう名付けられた）にたどり着くと、彼は金と香辛料、特に黒コショウを探し回った。しかし、金も黒コショウも見つからず、エスパニョーラ島でトウガラシに出会うことになる。

ヨーロッパでは、今でこそ料理に使われているトウガラシだが、当時はあまりの辛さに人気が出ず、観賞用として栽培されるにとどまった。

一四九八年、コロンブスは三度目の航海でついにベネズエラのオリノコ川河口岸に上陸するが、最後まで自分が発見した大陸はアジアだと主張し続けた。付け加えるなら、近代の研究者たちは「発見ではなく遭遇である」と、また「バイキングが先だ」と主張するなど、コロンブスのアメリカ大陸発見について否定的だ。彼の業績は南米原産のトウガラシをヨーロッパに知らしめたことだけなのかもしれない。

ポルトガルもコロンブスの航海に先立つ一四八八年、バーソロミュー・ディアスがアフリカ南西端部に到達していた。そこは荒れ狂う海で、彼は「嵐の岬」と呼んだが、東方への、つまり香辛料への道を切り開くものとして、ジョアン二世により「希望の岬～喜望峰」と呼ばれるようになった。その後一四九八年、バスコ・ダ・ガマが喜望峰を回りインドへの航海を成し遂げた。さらには一五〇〇年代に南米大陸に到達、現ブラジルのペルナンブコでトウガラシを手に入れた。

こうしてトウガラシはポルトガル人が掌握する香辛料となり、ヨーロッパを経由せずに直接アフリカ西海岸に伝わり、南アジアや中国に運ばれ、やがて東南アジアにも広がっていったと考えられる。

## 世界一シンプルな食事

私は各地でトウガラシ料理を食べてきた。トウガラシは土地土地で利用法と好みが違うところが面白い。カメルーンではペースト状のハバネロが食卓に置かれ、肉や魚につけて食べていた。コンゴ民主共和国の山中の村ではミドリザルの肉をトウガラシやターメリックとともに煮た料理が出てきた。トウガラシの種類が最も多いメキシコではトマト（ホウズキトマトの仲間）やニンニクとともにすり潰されたサルサ・ベルデが料理にアクセントをつけてくれる。また国民食のタコスにもトウガラシは欠かせない。

タイやインドネシアの食事はトウガラシ抜きでは考えられない。

今から四〇年ほど前のこと、ゴライアストリバネアゲハという巨大な蝶を探しにインドネシアのモルッカ諸島の一つセラム島を訪れた。海岸からいくつか山を越した先に戸数二〇ほどのピリアナ村があった。この村周辺に蝶が生息しているという。私は村長の家に居候を決め込んだ。

ピリアナ村。

一〇日間の滞在予定で、食料は一応準備してきた。インドネシアではどこに行っても何か食べ物があることを経験的に知っていたので、持参したのはコメとインスタントラーメンだけだ。ところが辺りを見渡すと、ニワトリがいない。野菜畑ぐらいはあるだろうと村を歩いたが、畑がない。これで卵と鶏肉と野菜の夢が消えた。海に近いので干した魚ぐらいはあるだろうと期待したが、「ない」とそっけない返事が返ってきた。

村人はサゴヤシの澱粉だけで生活しているようだ。腹が減ったらサゴヤシを倒して澱粉を取り出し、湯で溶き、糊《のり》のようなおかゆを作るらしい。

彼らには働く気がないと、私は直感した。一日中ブラブラしている。

私の不幸はその夜から始まった。村長がコメを炊くからといって三〇キロ入りのコメ袋を私から奪い取るようにして担いでいった。嫌な予感がしたので、インスタントラーメンは二〇個ほどを渡して、あとは隠した。

やがて炊きあがったコメが運ばれてきた。コメの袋も戻ってきたが、半分ほどしかない。インスタントラーメンは茹《ゆ》でられ、洗面器で供された。

いざ食事が始まると、知らない人が何人も座っているではないか。村長が目で「食え」と合図したので皿にご飯を盛り、ラーメンをぶっかけて食べ始めた。すると、周りにいた招かざる客たちが、次々と手を伸ばし、奪い合った。

数日後、村長が「ラーメンがなくなった」と言ってきた。隠しておいたはずのラーメンはとっくに消えていたので「ない」と言うと、残りのコメをまたまた奪い取って持っていった。腹が立ったが、おかずをどうするか気になり、半ば諦めてご飯ができるのを待った。

村長は数日前から他の村民を家に入れないようにしていた。おそらくコメがなくなり自分の食い扶持《ぶち》が減るのを案じていたのだろう。

果たして、その日の夕食を前に呆然となった。おかずは生のトウガラシ数本だけだ。

村長宅で供されたトウガラシ飯。洗面器いっぱいのご飯と一食に数本が限度のトウガラシと水。これで2人分。

村長はニヤニヤしながら洗面器にご飯を盛り、一口放り込むとトウガラシをかじり、「シーハー」と言いながら水をがぶ飲みしている。私も真似して「シーハーシーハー」と空気と水を吸い込みながら辛さに耐え、勢いでご飯を腹に流し込んでいった。

ピリアナ村では約五日間をトウガラシ飯で過ごすことになったが、私にとってかつてない世界一シンプルな食事の経験となった。

同じ経験をタイの山岳に住むメオ族の貧しい村でもしたことがあった。メオ族の場合は、トウガラシ以外に塩が付いてきたので、おにぎり感覚で美味しくいただいた。

セラム島には、その後三度ほど訪れた。二回目の訪問では小さな雑貨屋ができ、コメが売られていた。三回目は最近のことだが、良い道路が近くまでできたせいか、塩干し魚やイワシのカンヅメが売られていた半面、村人は相変わらず貧しそうに見え、相変わらずブラブラしてトウガラシ飯を食べていた。

山にホタルの光が明滅し、ランプに映し出された家の内部から「シーハーシーハー」という音が聞こえてくる。現代の生活がどこか間違っているのではないかと思わせる、幸せの音なのかもしれないとふと考えた。

タコス屋。トウガラシに関してアジア圏と対極をなすメキシコは、トウガラシの種類が最も多いとされ、国民食のタコスは屋台でも定番。

メキシコの寒村。この章で紹介されたインドネシアのピリアナ村の様子にどこか似ている。

メキシコ、アンガンゲオの風景。

# 第10章　コイコイ族のパンとバター

**南アフリカの雄大な花畑で感じた違和感。その先には、自然の動植物を食べてきたはずの遊牧民たちが最近口にするようになったという素朴なパンがあった。**

八月、南アフリカは春を迎える。春と言っても言葉のうえだけで、朝夕の気温は五度前後にも下がる。この時期、花を見るために世界各地から人が集まり、南アフリカの人たちも花を求めて大移動をする。

春の花は北西部を中心に一斉に咲く。よく知られているのがナマクワランドと呼ばれる地域だ。実はここの花を見ることは賭けに近いものがある。どの地域にいつ行けばよいのか、今年は咲くのかなどは四月からの雨量に左右され、予測不可能なのだ。

四月に十分な雨が降れば八月の開花は約束されるが、遅くとも六月までにある程度の雨量がないと花はまったく咲かない。六月を過ぎても降雨があれば空振りに終わることはないのだが、雨量が十分に満たされた年のあの美しく広大な景色は期待できない。

実は、この辺りは半砂漠的な乾燥地で、特にこれといった観光地がない。数少ない宿泊施設や観光業者は春の花を見る観光客を当てにして、他の季節をやり過ごしている状況だ。当然のこと料金は跳ね上がり、早くからの予約を余儀なくさせられる。

小麦の収穫後、畝《うね》に沿って咲くデイジー。

四月以後の降雨情報を待つことはできない。宿は二月ごろから次々と満室になり、レンタカーも予約しにくくなる。キャンプをすればよいのだが、寒さ対策やキャンプ地を探すのが面倒なので、ダメ元でロッジを予約する。キャンセルをしてもお金は戻ってこない。南アフリカの花取材は賭けだ。

一九九八年、ほとんど下調べをせずに出かけたのだが、ちょうど当たり年で、延々と広がる花畑に加え、多種多様な花の群落をそこかしこで見ることができた。

この年はアフリカ南部一周を試み、ヨハネスブルグの友人と四輪駆動車でジンバブエ、ザンビア、ボツワナを巡り、ナミビアから起点のヨハネスブルグへと戻る約二カ月の長い旅を敢行した。ナマクワランドに着いたのは八月上旬だったが、これは計算していたわけではなく、単に運が良かっただけだ。

この時、満開の花畑を目の前にして違和感を抱いた。花畑があまりにも整然としているのだ。通常、花畑で単一の種類が咲くことはまれで、優先種があっても、必ず他の花が混じって咲いているはずだ。観察するほどに謎が深まった。

二〇一九年（連載当時）の四〜五月には一向に雨が降らず、六月に入ってからようやく遅い雨が降り始め、私は毎日南アフリカの天気予報や花愛好家が出してくれる情報に一喜一憂していた。

八月上旬、希望を持って訪れたものの結果は思ったほどではなかった。一応花は咲いているが種類も少なく、花畑は賑わいに欠ける。私の主目的は花に集まる昆虫なのだが、その姿もない。

ほどなくして、二〇年前のあの時に抱いた違和感の正体が判明した。花畑の多くは小麦畑の耕作地や羊牧場にまで広がっていることがわかった。

南アフリカの西海岸に沿って車を走らせていると、国道の両側は見渡す限り畑か牧場だ。もとの植生を見ることは難しい。特に西部では小麦が圧倒的に多く植栽されている。低木が生える乾燥地を開拓し、広大な小麦畑を作ったのだろう。

ナマクワランドから二五〇キロほど南下したバンラインスドルプ近郊には裾野の広いマスカム山がそびえている。山麓に広がる、刈り取りが終わった小麦畑に見事な花畑が出現する。花は小麦畑の畝に沿って咲いていることに苦笑してしまう。一方、小麦畑と山の緩衝地帯には自然植生がわずかに残り、低木の中に多種多様な花が咲いている。

自然植生の花畑の中には私が探す昆虫が花粉を運ぶ姿が見られるが、小麦畑耕作地の花畑に虫の姿はない。小麦栽培では大量の殺虫剤や除草剤を撒くので、何らかの影響があるのだろう。

通常であれば、花が咲くと昆虫が活躍し、種子が作られる。では目の前に広がる「虫のいない」花畑の種子は一体どこからくるのか。うがった見方をあえてするなら、観光客を呼ぶために種子を撒いたとも考えられる。

牧場を経営する民泊で数日間を過ごした。そこには牧場を手伝う先住民のコイコイ族の家族が住んでいた。ある日、パンを焼くという。私は驚いた。かつてコイコイ族の人たちは放牧をしながら移動生活をしていたはずだ。その人たちが今は定住し、パンを食べているのだろうか。

ドラム缶を横にし、周囲を厚さ二〇センチほどの粘土で塗り固めたオーブンが庭に設えてある。女性がドラム缶の中に薪を入れ燃やすと勢いよく炎が上がった。三〇分ほど燃やした後、女性はスコップで燃えかすを外に出し、型に入ったパン生地をドラム缶に入れた。蓋《ふた》をしてオーブン前の路面に水をかけ粘土を作り、蓋の上に隙間なく塗りたくった。即席オーブンだ。

女性は椅子を持ちだし、オーブンの前にちょこんと腰掛け、パンが焼けるのを待った。約二〇分後、覆いの粘土が取り除かれ、蓋が外されると、香りとともにこんがりと焼けた食パンが顔を見せた。

パンを取り出すや否や、女性や家族が笑いながら踊り出した。陽気な振りでパンが焼けたと喜んでいる。

焼き上がったパンは友人たちに売りにいくという。自分たちは食べないのかと聞くと、別のパンを作ると答えた。コイコイ族がパンを食べるということにも驚いたが、どのようなパンを作るのかに惹かれた。

彼女たちは再び小麦粉をこね始めた。今度は饅頭《まんじゅう》のように丸め、小一時間発酵させてから押し潰し、平たく丸い生地を先ほどのオーブンに入れた。

パンの焼き上がりを喜び、踊り出すコイコイ族の女性。

二〇分後、丸いパンが焼き上がった。食べるかと聞かれたのでうなずくと、バターにするかジャムにするか聞いてきた。「ジャム!?」コイコイ族がジャムか。私はあえてバターを選んだ。遊牧民であるコイコイ族の作るバターを味わってみたかった。

熱々の丸いパンを半分に切り、中にバターを押し込んでくれた。かじると、しっかりした歯応えがあり、今で言うグルテンフリーのような素朴なパンだった。塗り込められたバターはコイコイ族の最後の抵抗とも思えるほど素朴で、薄黄色の塩味の強い味わい深いものだった。

コイコイ族の食の変化が表すように、伝統的な食生活が失われつつあることが残念で仕方がない。一方で、小麦の需要は高まるばかりで、栽培面積が広がり、自然の多様性も失われてゆく。地球が小麦畑で覆われる様子を想像すると、やるせない気持ちになる。

小麦畑の後に咲くデイジー。89ページに掲載する写真の候補の一つ。畝が見て取れるほどではないが、花の密度の差などに違和感がうかがえる。

小麦畑の後に咲くデイジー。上の写真と同様、89ページに掲載する写真の候補の一つ。

小麦畑の後に咲くデイジー。「見渡す限り一面」を埋めつくすデイジー。

熾火《おきび》をかき出す。

熾火をスコップで取り出す。

パンのネタを入れる。

蓋をして粘土で封をする。

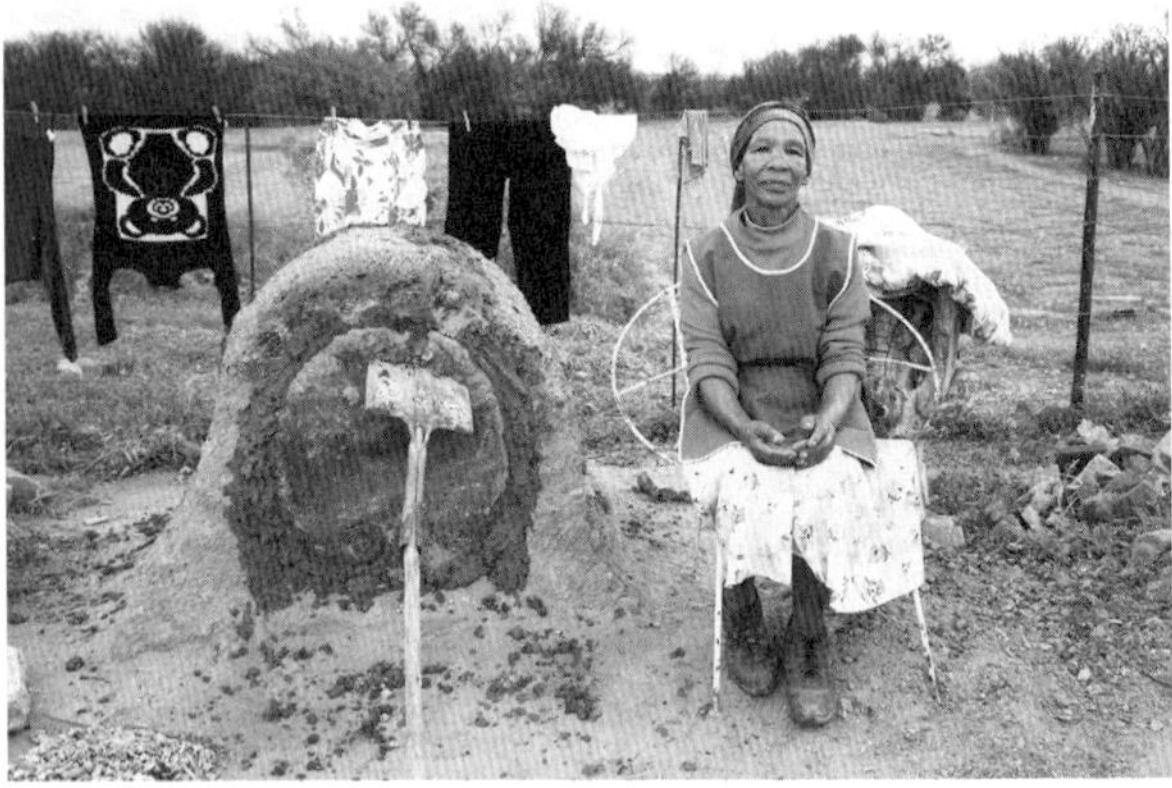
焼き上がるのを待つ。

焼き上がり。

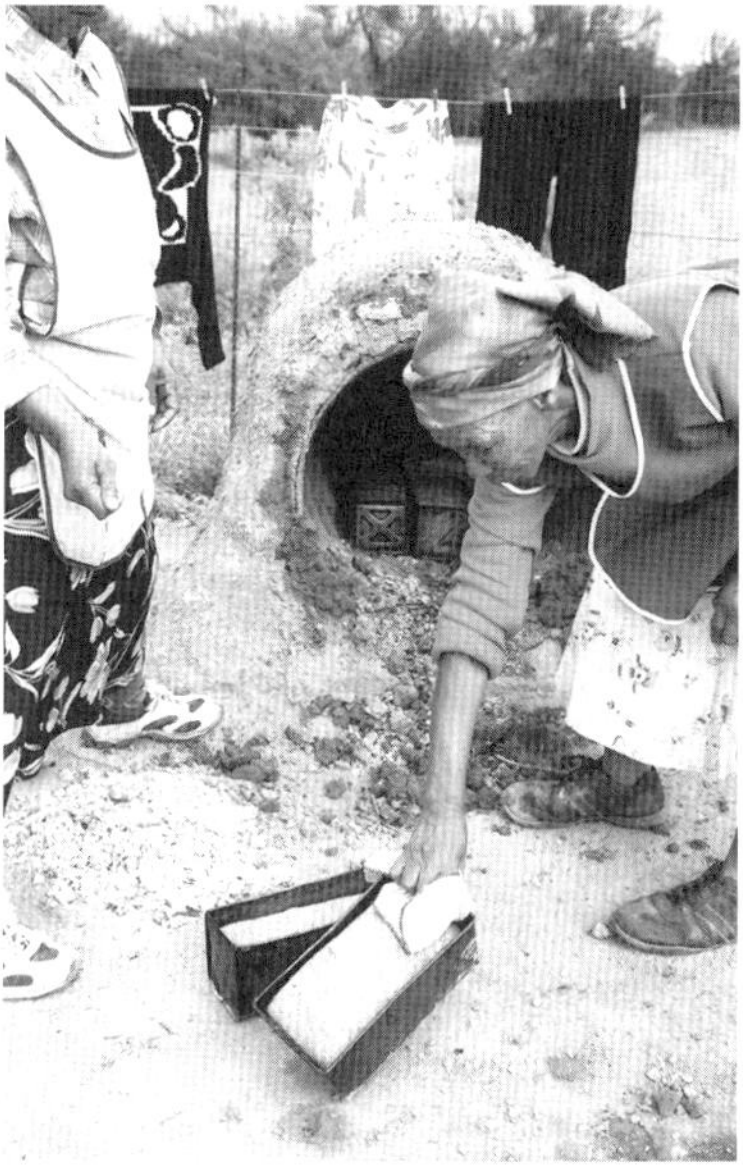

焼き上がったパンを
取り出す。

焼き上がったパンを
取り出す。

焼き上がりを喜ぶ。

焼き上がりを
みんなで喜ぶ。

通常食のパンを焼く。

# 第11章　メンダーは母の味

**昆虫を香辛料として用いる食文化がある。チェンマイの食堂で出会った女性に連れていかれた田舎の薄暗い店には、他に類のない香りをまとったタイ風ラーメンがあった。**

タイは「象の国」だ。森林資源に恵まれていたタイは良質のチーク材を多産し、次々と森林を伐採した。これらのチーク材を森から引き出すのに活躍したのが象だ。彼らは大人しく、調教すれば従順に人の言うことを聞く。どのような場所にも入り込むことができ、力も強く、多くの象がチーク材の運び出しに活躍してきた。森林伐採は一九八九年に禁止されたが、使役してきた象たちは、今でも象使いの人々と暮らしている。

森を歩くと、象の巨大なフンがどこにでも山のように転がっているのが見られた。ところが、一日経つとそのフンは見事に分解され、繊維質がわずかに残るだけとなる。この巨大なフンを処理してくれているのが、ナンバンダイコクコガネという糞虫《ふんちゅう》だ。体長は五センチほどもあり、ずんぐりとした姿をしている。

このナンバンダイコクコガネは地中に穴を掘り、象のフンを運び込むと、土とともに丸めてフン球を作り、卵を産みつける。孵化《ふか》した幼虫はフン球の内部を食べて育ち、一年かけて成虫になる。

一九八四年、私はセアカナンバンダイコクコガネの生活史を撮影しようと思い、タイ北部のチェンマイ近郊に家を借りた。

小さな村での生活は楽しく、私が撮影を終えて帰ってくると、必ずと言ってよいほど、誰かが呼びにきた。

「今晩は鶏を潰すから食べに来い」とか「今日の夕食はうちで魚を食べよう」などと誘われ、滞在した一年間、ほとんど自分で夕食を作ったことはなかった。

一番親しかったソムサックさんの家に招かれた時、庭に物干し竿《ざお》が立ててあるのが気になった。その先に電球が結び付けられていたからだ。

九月の蒸し暑い夜のことだ。ソムサックさん宅で夕食を終え、甘いお茶を飲んでいると、物干し竿の電球のスイッチが入った。その真下に、誰かが大きなタライを運んできて、水を張る。暗い庭がパッと明るくなり、小さな虫が灯《ともしび》に集まってきた。二〇分ほどすると、大きなタガメが羽音を立てて飛んできて、電球にぶつかり、タライの水の中に落ちた。ソムサックさんの息子が大急ぎでタガメをすくい上げる。二時間ほどの間に、タガメが十数頭、他にゲンゴロウなども捕獲された。

タガメ取りはタイの風物詩で、かつては大企業がかすみ網と水銀灯を使って大規模に採

庭先でタガメを取る。

集していたが、間もなくこうした方法は禁止された。

　実は、タガメは「メンダー」と呼ばれ、タイの人々にとって重要な香辛料なのだ。ニンニクやトウガラシなどとともにすりつぶし、ペーストにして使う。市場ではタガメがたくさん売られていて、より好まれるのはオスの香りであることから、メスよりも高く取り引きされていた。

　撮影がない日は、買い物や暇つぶしにチェンマイまで出掛ける。

　ある日の午後、小さな食堂でタイ風ラーメンの「ミー・ナム」をすすっていた時のことだ。私の向かいに一人の女性が座った。他にも席は空いているので少し警戒したが、黒く長い髪、ぴっちりとした白いTシャツが美しい体形をいっそう魅力的に見せている。

彼女は「そのミー・ナムは美味しい？」と聞いてきた。「最高だね」と答えると、口をとがらせながら「ふーん」とそっけない答えを返してくる。

「僕に何か用なの？」と聞くと、彼女は「そのミー・ナムが気になっただけ」と胸元で手を重ね、肘をついて私が食べているミー・ナムを覗《のぞ》き込み、私の顔を見上げた。

「今晩、もっと美味しいミー・ナムが食べられるところに連れて行ってあげる」

そして、「七時にここに来て」と言い残して、彼女はどこかに行ってしまった。

ちょっと怖い気もしたが、彼女の深い瞳の魅力には勝てず、七時に同じ場所に出掛けた。約束に遅れること三〇分、彼女は古い「スーパーカブ」に乗ってやってきた。

言われるがままスーパーカブの後ろにまたがり、彼女の腰に手を回した。髪から甘い香りが微《かす》かに漂い、体の温もりを感じながら無言で真っ暗な田舎道を走った。

どこまでゆくのだろうと不安になってきた頃、二〇メートルほど先にポツンと小さな明かりが見え、彼女はその店の前で止まった。

薄汚れた布をくぐると、木のテーブルがいくつか置いてあり、彼女は店の奥へ入って行った。顔見知りのようだ。そして、ビールを持って出てくると、テーブルに座り、グラス

店で売られているタガメ。

に注いだ。

中途半端な泡が立ち、口をつけると生温かい。「ところで、君の名前は？」と訊ねると、彼女は「マリー」と答える。タイ人の名前ではない。そこで「働いているの？」と訊ねると、予想外の返事が返ってきた。

「夜の仕事、男相手よ」

私は鼻先を生温かいビールに突っ込みそうになった。売春婦だったのだ。「今晩は僕が相手か？」と問うと、「違うわ。本当のミー・ナムを食べさせたかっただけ」とのこと。どのみち、歩いて帰るわけにもいかない。

間もなく、奥から老婦人がミー・ナムの入った器を運んできてテーブルに置いた。その時、今まで知らなかったたおやかな香りを感じた。

マリーに案内された食堂。

マリーは微笑みながら「食べて」とささやいた。

金属のレンゲでスープをすくい、口に運ぶと、香菜（パクチー）のような香りが口に広がった。いや、パクチーではない。私が訝《いぶか》しがっていると、彼女は「メンダーよ、メンダーが入っているの」と言う。

一口麺をすすると、なんとも言えない梨のような香りと、パクチーに似た香りが鼻から抜けていくのがわかった。昼間に食べたものより、はるかに爽やかで奥深い味だ。

彼女は得意げな笑みを浮かべる。

「最近は、本当のメンダーが入っているミー・ナムは街では食べられないのよ」

ソムサックさん達が必死にタガメ取りをして

いたのを思い出した。

「メンダーは母の味なの」そう言う彼女の黒い瞳が少しだけ潤んでいるのがわかった。

母の味とは「手を抜かない味」のことではないだろうか。親は子のために時間と愛情を注ぎ込む。結果として母と子の深い絆が生まれ深まってゆく。マリーは売春婦という悲しい思いを、私に母の味を食べさせることで紛らわせていたのだろうか。

生温かいビールで少し酔った私と彼女は、再び暗闇の中をチェンマイに向かって走った。

# 第12章　悪魔の囁《ささや》き、テンペ中毒

**インドネシアの大豆発酵食品テンペ。取材先で知った手作りテンペの虜《とりこ》になったその先、さらに豊かな味わいのテンペに出会うのだが、その正体と顛末《てんまつ》は？**

ここ数年、日本のスーパーでも販売されるようになったテンペの人気が上昇している。よく「インドネシアの納豆」と言われるが、このたとえ方は私にはいささか抵抗がある。味も雰囲気も納豆とはかけ離れたものなので、日本の納豆と結びつけるのはやめてほしい。

一九九〇年だったと思うが、「無数のホタルの光が田んぼを浮き上がらせる」という情報を聞いて、ジャワ島中部のジョグジャカルタに向かった。

当時、日本は空前の昆虫ブームで、日本人をターゲットにした昆虫商が世界中でその調達にしのぎを削っていた。ホタルの情報は、ジョグジャカルタのトモ君から得たものだ。当時三〇歳ぐらいだったと思うが、彼が来日して、友人宅にいた時に紹介されて以来のつきあいになる。

夕方、トモ君の車で郊外へ出かけた。三〇分も走ると、広大な田んぼが見えてきた。

蚊がうるさいので、足をバタバタさせながら待っていると、田んぼでホタルが光りだした。ゲンジボタルのように飛ぶのではなく、田んぼのあぜで静かに明滅している。おそらく、あまり飛ばないヘイケボタルに近い種類だろう。トモ君が言うには、最盛期には「ホタルの光で田んぼのあぜが碁盤の目のように浮き上がって見える」のだそうだ。しかし、九時ごろまで待ってみたものの、ホタルは一向に増えず、我々は諦めた。

翌日、トモ君は「ホタルの時期を間違ったようだ。申し訳ないから、今日は好きなところにつれてゆくよ」と切り出してきた。

私の頭にはホタルしかなかったので、戸惑った。考えた末、インドネシアの代表的食材であるテンペの生産がジャワ島中部で盛んだということを思い出した。そこで、「テンペ作りを見たい」と告げると、「テンペ工場があるからそこへ行こう」と言うので、「いやいや、昔ながらのテンペ作りが見たいのだ」と切り返した。

トモ君はしばらく誰かと電話をして、場所が分かったのか、出かける合図をした。

彼の家から二〇分ほど歩いて、細い路地に入っていく。古くから、この路地は変わっていないのだろう。道幅は一メートルほどしかなく、それに沿って古い家がひしめき合っている。歩くにつれて、大豆を茹でる良い香りがしてきた。行き着いた一軒で狭い間口から中を覗くと、薄暗い土間に座る女性が見えた。上品で穏やかな顔だ。

トモ君が挨拶をすると、中から「入れ」とご主人の声が聞こえた。

奥さんとかまど。

四畳半ぐらいの部屋の片隅に小さなかまどがあり、すでに火は消えていたが、横に鍋が置かれている。

ご主人は水でふやかされた大豆を足で踏んでいる。大豆の皮を剝いているのだ。何度も豆の状態を見ながら柔らかく踏み続けると、不思議なことに、皮と実はうまく分離されてそれぞれに片寄るので、皮を容易に取り除くことができる。

皮が剝かれた大豆を奥さんが茹でる。茹でた大豆は大きなザルに広げられ、少しだけ冷まされる。ご主人が缶に入ったテンペ菌の白い粉「ラギ・テンペ」をすくいとり、豆に振りかけてゆく。これはクモノスカビの一種で、納豆菌と大きく違うところだ。ご主人によると、以前

テンペ菌を混ぜるご主人。

はコメに特殊なキノコの胞子を添加して、自分たちでラギ・テンペを作っていたらしいが、今では市販の物を使っているという。

奥さんは手のひらに新聞紙を重ねたバナナの葉を置き、テンペ菌が振りかけられた豆をその中心に載せると、すぐさま竹の薄い紐で括《くく》る。あっという間に商品としてのテンペが山と積みあげられていく。その手際たるや目を見張るものがある。包まれたテンペは市場に出るまでの間に発酵して、買う人の手に渡る時にはちょうど食べ頃になっている。

一日前に作ったという包みを一つ開けると、豆が白い衣を着た塊となっている。それを薄く切り、テンペ・ゴレンとして唐揚げにして、そのまま食べてもよいし、野菜炒めやガドガドと

テンペ菌を振りかけた大豆をバナナの葉で包む。

呼ばれるピーナッツソースがかかった温野菜サラダに添えてもよい。日本の納豆のような香りはなく、歯触りは豆のケーキを食べているようにも感じる。

私は毎食のようにこの手仕事で作られたテンペを食べ続け、まさに「中毒」状態になった。

その数年後、ジャワ島東側にあるバニュワンギを訪れた時のことだ。バニュワンギはバリ島の西側ギリマヌクからフェリーで二時間ほどかかるが、空港もあるかなり大きな街だ。バニュワンギで現地の友達と待ち合わせをして、とりあえず昼飯を食うことになった。その時、彼が「テンペは好きか」と聞いてきた。当たり前だろうという顔をすると、ニヤッと笑いながら「ここにはちょっと変わったテンペがある」と言う。案内された先が普通の家だったので、ますます期待が高まった。

テーブルの上にテンペらしき物を野菜とともに炒めた一皿が置かれた。そのテンペをよく見ると、白ではなく、どす黒い。腐っているのかと心配になって匂いを嗅ぐと、ずっと豊かな香りがする。

しかしこの色は……と手を出しかねていると、友達はすでに白いご飯と共に料理をかき込んでいた。

原則として、私は出された物は必ず食べるし、そのテンペは通常のものよりももっと滑らかで豊穣な味わいがあった。しかし、今回はなぜか危険信号が頭に点灯した。遠慮をしては失礼と思い、少量だけ口にして、船に酔って気持ちが悪いからと食べるのをやめた。

翌日、友達は病院に運ばれた。食中毒だ。実は私も一晩中トイレを往復していた。吐き気がして、何度かもどした。すぐに手持ちの抗生物質を飲んだが、腹の痛みはしばらく続いた。

後で聞いたのだが、あのテンペは大豆とココナツパルプから作るテンペ・ボンクレで、頻繁に食中毒を引き起こすことから製造が禁止されている代物だった。私は動物的直感で難を逃れたが、「中毒」にならなければテンペ・ボンクレの存在を一生知らずにいたかもしれない。未知の食物との遭遇に喜びを感じる私としては、こんな幸運はないとさえ思える。あの香りと味なら、もう一度ぐらいなら食べてもよい、と心の悪魔が時々囁くことがある。

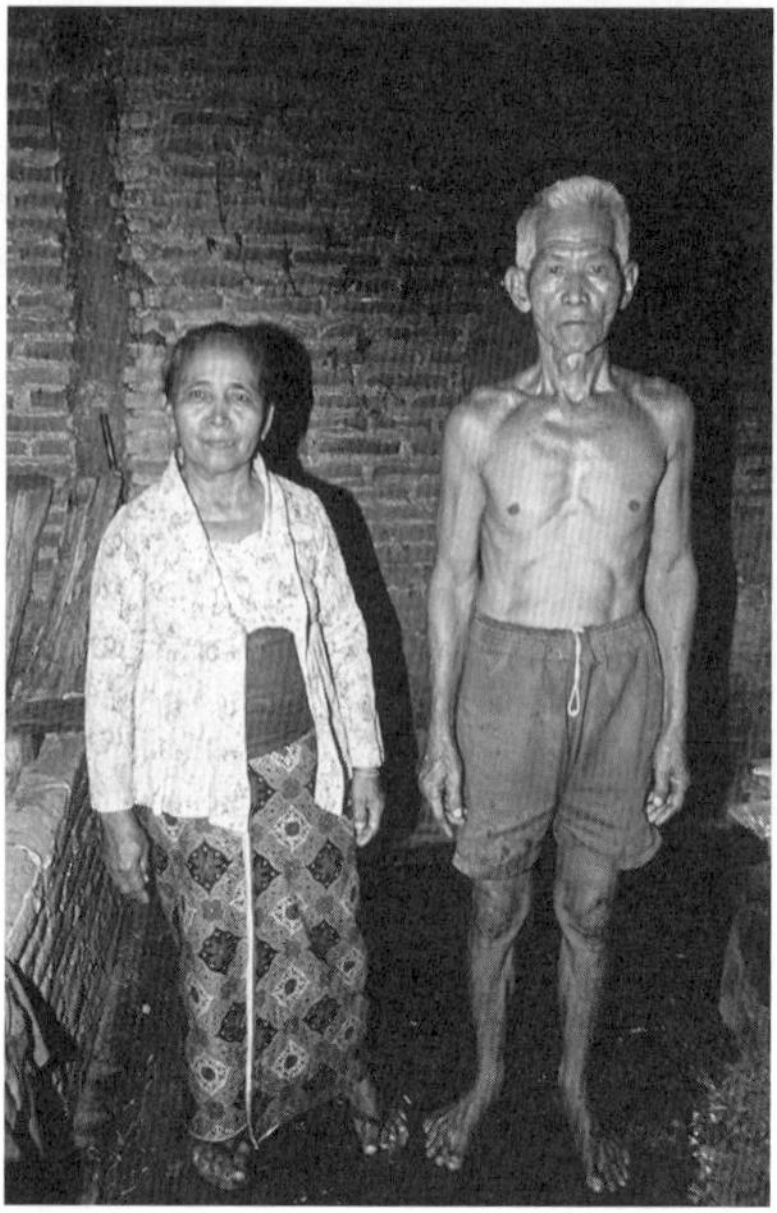

テンペ作りのご夫婦。

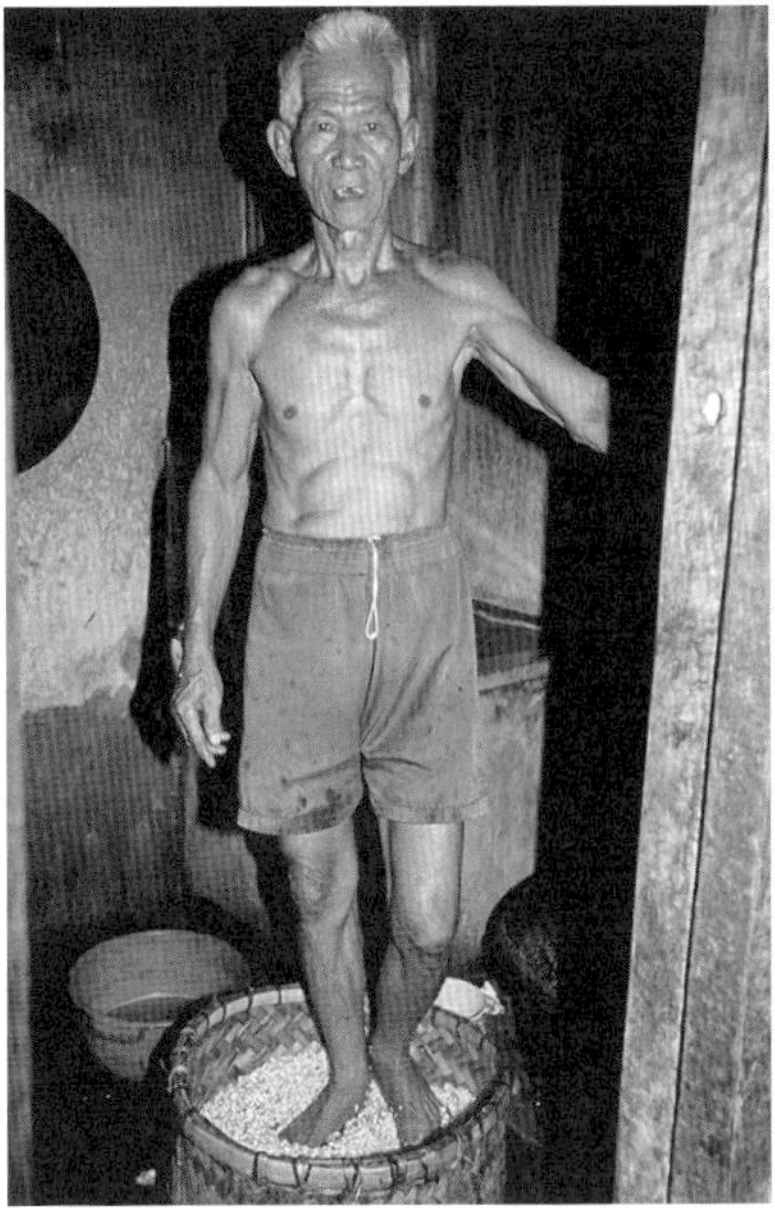

ふやかした大豆の皮を足で踏んで取る。

大豆の皮を剝く。

皮が剝けた大豆を広げる。

テンペ菌。もともとビニール袋に入っているテンペ菌は、缶に移しかえられる。

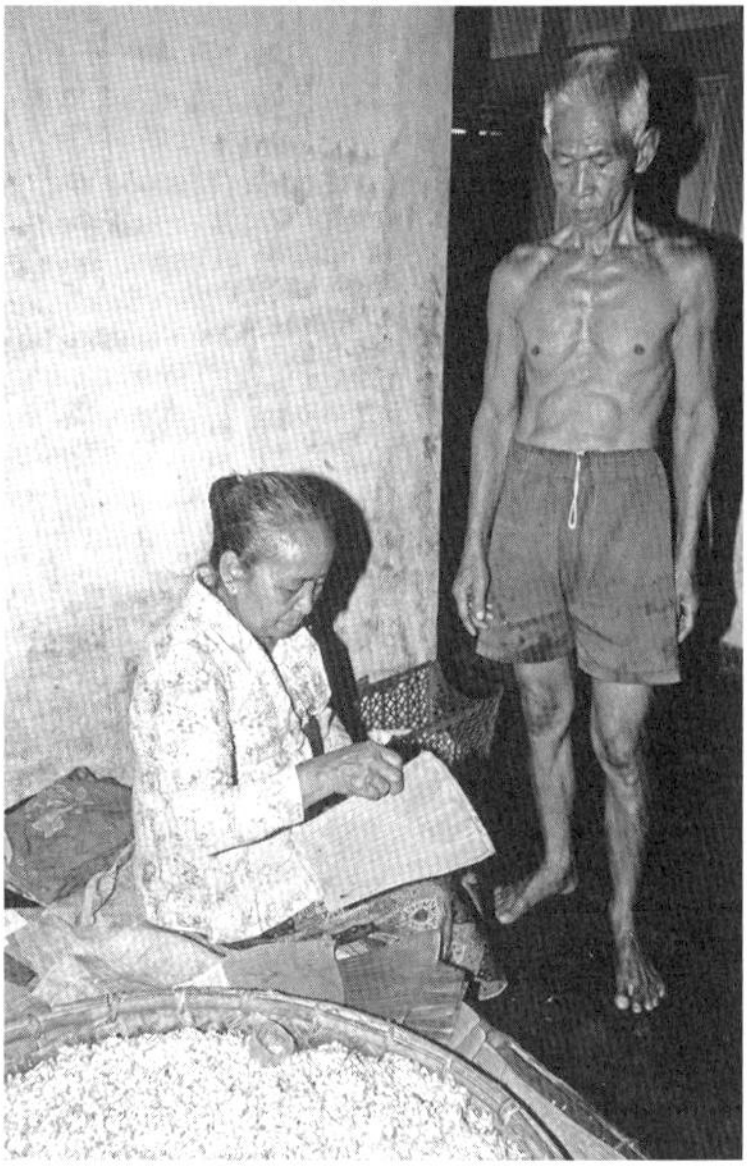

大豆を包む
バナナの葉を揃える。

大豆を包んでゆく。

できあがったテンペ。

# 第13章　天空のヨーグルト

**標高四八〇〇メートル。高地アンナプルナの過酷な環境下で発酵させたヤクのヨーグルトは、思い出すことも気が引ける「あるもの」を連想させた。**

ネパールのアンナプルナ山群の外周を回るトレッキングコースがある。ポカラ（標高一四〇〇メートル）を起点に最高地点のトロン・パス（五四一六メートル）を越えてムクティナート、ジョムソムを経てポカラに戻るコースだ。

標高差約四〇〇〇メートル、健脚向きのコースで、通常一〇日間かかる。歩いたのは一九八六年だから、かなり前のことだ。

目的はトロン・パス周辺に生息する高山蝶の撮影だ。中国やチベット、アフガニスタンなどの高山帯に生息する高山蝶は翅《はね》が透き通るように美しく、蝶好きなら誰もが憧れる特別な仲間で、パルナシウスと呼ばれている。しかし、生息域は高く遠く険しく、簡単には見ることができない。

道中の虫や植物の撮影も計算し、全行程を一カ月に設定した。

随所に簡単な宿泊所があるが、どこでどう時間を取られるかわからず、資金も登山隊のようにたくさんあるわけではない。そこで、野営かつ自炊を基本にカトマンズで一二人の

撮影の目的だった高山蝶パルナシウス。

シェルパ族をポーターとして雇った。

一番重いのはコメ。トロン・パスを越えるまで手に入らないとシェルパ頭《がしら》が言うので、かなりの分量を持った。ほかはカレー用の香辛料、ダール豆、砂糖と紅茶だ。シェルパ頭が野菜や肉などの食材は途中で調達できると言うので、彼に従い、登山装備は各自で担いだ。

長い登山道は単調で、シェルパの一人が太鼓を打ち鳴らしながら歩いて行く。私が撮影に良い場所を見つけると、そこでキャンプになる。撮影中、シェルパたちは時間を持て余し、食材調達のため近くの村に出かけていき、鶏や卵を仕入れようとするが、ほとんど得られず、ジャガイモだけのカレーが毎回食卓に上った。何日もそれが続くと、全員の口数が減る。頭の中は

登山道沿いのバッティと銀雪に覆われた山群。

食事のことでいっぱいだ。

そこで、食料調達だけのために大きな村でキャンプをすることにした。卵が手に入ればお祭りのような騒ぎになり、シェルパたちの顔に幸せ感が滲み出てくる。

一番うれしいのはヤクの肉だ。ヤクの肉を炒め始めると、みんなが調理場に揃う。大鍋を覗き込み、香りが漂うと、我慢ができないシェルパの一人が太鼓に合わせて踊り出す。

トウガラシやクミン、ウコンなどが投入されると、香りが胃の奥を刺激し、ますます食欲が湧く。私自身もよだれが垂れそうになる。村で買ってきた酒の勢いもあり、賑やかな夕食になる。

登山道沿いにはバッティと呼ばれる茶店が点

在し、そこで飲める熱く甘いミルクティーが体に染み込み、歩く意欲が湧いてくる。

シェルパたちは荷を下ろし、茶店の奥で何か別のものを飲んでいた。ヨーグルトのように見える。バッティの女主人が薄暗い台所の床下を開けると、大きな水瓶《みずがめ》が置いてあり、革で蓋がしてあった。革を縛る紐をほどくと、強烈な酸味臭がしてきた。覗くと、茶色の豆腐を潰したような塊が一面に浮かんでいる。思わず子供の時に見た畑の肥溜《こえだめ》を連想した。

私は小学生の時に友達が肥溜に落ちた様子を忘れてはいない。先生が長い棒を持ってきて「これにつかまれ」と叫んで肥溜から引き摺り出す。引き摺り出された友達の服や顔には浮遊物があちこちに付着していた。近くの小川に連れていかれ、パンツまで脱がされて体を洗った。しかし、臭いは決してなくなるわけではない。

女主人はお玉杓子《たまじゃくし》でその浮遊物をどかしながら、下にたまったヨーグルトらしきものをすくい、ガラスコップに入れて差し出した。浮遊物がどうしてもあの古い経験の記憶を思い出させてしまう。

こういう時はためらってはいけない。一気に飲んだ。強い酸味臭はするものの味は濃く、一級クラスのヨーグルトだ。しかも、浮遊物はチーズのようだ。女主人に聞くと、ヤクの乳で作るらしい。水瓶のヨーグルトは母の代から注《つ》ぎ足されてきたという。

標高約3500mの道端でミルクティー(チャイ)とヨーグルトを売る女性。

出発して一二日目、マナン(三五一九メートル)で、数日間、撮影と高度順化を図った。アンナプルナから下山してきた韓国隊から余った食料をもらって、体力も回復した。

マナンに四日滞在して、いよいよトロン・パス越えだが、実はこのトレッキングを始めてからずっと、私は下痢に悩まされていた。水が合わないのだろう。この体調でのトロン・パス越えはやや心細かった。しかも、私たちの一週間前にきた著名山岳写真家が吹雪で撤退したことも聞いていた。

トロン・パスの手前四八〇〇メートル地点に石室がある。登って来た道を振り返ると、アンナプルナI峰、III峰、それにマチャプチャレの頂が真っ白に光っている。

ところが、トロン・パス越えが天候待ちになった。前日から雪が降り出したからだ。石室滞在の二日目の朝、管理人がヨーグルトを持ってきた。サービスだという。この標高で発酵できるのか疑問に思い、瓶を見せてもらった。瓶は台所の火元に近い床下に置いてあり、時々プクッと小さな気泡が上がっていた。

登山客が増えるモンスーンの季節が始まると、ヨーグルトを革袋に入れて下から運んできて、それにヤクの乳を注ぎ足すという。食料の乏しい石室で栄養不足を補うために重要らしい。

やはり浮遊物が浮かんでいた。再びあの記憶が頭をよぎる。ためらいは禁物、飲むと実に爽やか。

ヨーグルトを飲んだ翌朝から嘘のように下痢が治り、無事トロン・パスを越えることができた。激しい高山病で苦しみながら、バッティでそれを飲んだ時も、翌日は下痢が止まったことを思い出した。

おそらく、乳酸菌などが胃腸に作用したのだろう。この時ほど発酵食品のありがたさを感じたことはなかった。考えてみれば、あの浮遊物の皮膜はヨーグルトの温度を保ち、雑菌を入れないために役立っているのではないかと思えてきた。

標高四八〇〇メートルの厳しい環境で発酵を利用する人の知恵もさることながら、人は微生物とともに生きていることを再認識したアンナプルナ一周の旅だった。

アンナプルナ山群。道程の厳しさを伝える遠景。

アンナプルナ山群。上の写真からズームアップすると、えぐれるような山嶺やガスの濃さなど、険しさが見てとれる。

アンナプルナ山群。最高地点トロン・パスへの道中に撮影したものと思われる。

トロン・パスから見たアンナプルナ山群。

トロン・パスへの登り。氷雪が覆う地に、すでに先を進んだ者たちの足跡が生々しく残る。

トロン・パスへの登り。先行する者たちの足跡が左へ弧を描く。登頂へのルートは単調ではない。

ヤクたち。極寒の高地に生息するウシ科の動物。

# 第14章　ウチワヤシの宴《うたげ》

**土地に根付き、人々から大切にされる植物には、それだけの理由がある。ウチワヤシに囲まれ、その甘みの豊かさに触れた旅を思い起こす。**

カンボジアの風景を印象付けているヤシの木がある。

アンコールワットの庭にも寺院を守るようにヤシが数本そびえ立っていて、このヤシがなければアンコールワットの荘厳な景観も間が抜けたものになるのではないかと思えるほどの存在感だ。

アンコール遺跡群観光の街シェムリアップから一時間ほど車を走らせると、田園地帯が広がり、広大な田んぼの周囲に林のように、あるいはポツリポツリと生えているのがウチワヤシ（*Borassus flabellifer*《ボラッスス・フラベリファー》）だ。田んぼとウチワヤシこそカンボジアの象徴的な風景だ。

初めてカンボジアを訪れた時には、単に姿が良いヤシとしか思わなかったが、回数を重ねて訪れているうちに、カンボジアの人々の生活と深い関係があることが見えてきた。もともとウチワヤシは熱帯アフリカ原産だが、インドから熱帯アジアに広まり、特にカンボジアではその有用さから大切にされてきたようだ。アンコールワットやバイヨン寺院の壁面には、ウチワヤシを利用している様子が刻み込まれている。

アンコールワットの参道と、寺院左奥に見えるウチワヤシ。

カンボジアで見るウチワヤシは一五〜三〇メートルもあり、かなりの高さだ。特徴的なのは、葉が上部にだけ残されていることだ。マレーシアやインドでもウチワヤシを見たが、ほとんどは根に近いところから葉のない葉柄《ようへい》（葉の基部である茎）が残り、その上に枯れた葉が多数、今にも落ちそうな様子で残っている。そして、最上部に青々とした葉が繁っているので、うるさい印象が強い。対して、カンボジアのウチワヤシは高く伸びていても、葉は最上部にしか残っていない。理由はすぐに分かった。ウチワヤシの多くに太い竹が縛り付けてある。竹には二〇センチほどの枝が交互に残されている。つまり、ヤシに登るための梯《はし》子《ご》なのだ。登り降りする時に、邪魔な葉柄は切り落としていく。こうすることですっきりとした美しさが保たれている。

この梯子を使って収穫するのが、ウチワヤシの樹液と実だ。ウチワヤシは一年中花をつける。若い葉の付け根から長い茎が房のように垂れ下がり、そこに小さな花が無数につく。カンボジアの人は花穂《かすい》（長い茎に房状につく花）がつくと、成長の様子を見ながら開花前に素足で竹梯子を登り、花柄《かへい》（花を支える茎）を残して花穂を切り取る。切り取られた瞬間、花柄の切り口から樹液がほとばしり出る。切り口に一メートルほどの竹筒を縛り付けて、樹液を受け、溜めるのだ。樹液で満たされた竹筒は、一〜三日後に回収する。その中にはミツバチなども入っている。つまりこの樹液は甘い。

竹筒を村に持ち帰ると、女たちが大きな鍋で焦がさないように煮詰めてゆく。火加減が難しいが、そこは経験がものをいう。

約一日かけて煮詰められたウチワヤシの樹液はまるで水飴のようでトロミがあり、甘い香りがする。これがカンボジアのヤシ砂糖だ。

二〇一六年ごろ、アンコールワットから足を延ばし、昆虫やラン探しに出かけた時のことだ。観光客が訪れる村でヤシ砂糖作りの様子を見ることができた。

ウチワヤシの実。

女性が大きな鍋に入った液体をゆっくりとかき回している。樹液を煮詰めできあがったばかりのヤシ砂糖だ。どんな味がするのかと聞くと、女性は笑いながら鍋から竹べらでひとすくいして、私に差し出した。まだ湯気が立っている。

ひとなめすると、まるでクリーム砂糖とも言いたくなるほど滑らかで、軽い上品な甘さが舌を這い、野生味あふれる焦げた香りが微かに鼻から抜けた。味にコクがあるところが、普通の砂糖とは全く違う。普段使っている砂糖が下品にすら思えてきた。

台所の奥に小さなヤシの実が転がっている。ウチワヤシの実だ。大きさは直径一五センチほどで、ココナツとは全く異なる姿をしている。

ヤシの実を凝視していると、横にいた老人が

「今日ここに泊まってみんなで食事をしよう」と言い始めた。周りの男たちも「そうだ、そうだ」とけしかける。

いつも雇っている運転手に目配せすると、首を横にふった。実は、アンコール遺跡群圏内は、外国人が立ち入っていられるのは日没までなのだ。村での宿泊など、もってのほか。すると横にいた警官が運転手に「俺が許すから泊まっていけ」と言う。

事は早かった。女たちが散らばり、食材を手に戻ってきた。観光客が姿を消すと、私たちはゴザを敷いた東屋《あずまや》に座り、やがて宴が始まった。このゴザはウチワヤシの葉を編んだものだ。座っても暑さを感じない。見上げると、東屋の屋根はウチワヤシの葉で葺《ふ》かれている。

酒が出された。ウチワヤシの樹液を発酵させたものだと言う。ほのかに甘く、酸味が強い。アルコール度はそれほど高くなく、サイダーのようだ。発泡性で飲みやすく、男たちは立て続けに飲んでいる。

やがて、料理が出された。油で揚げた小さな魚に野菜を刻み込んだソースがかかっている。甘辛いソースがうまい。ソースの底を這う甘味は先ほど作っていた砂糖だ。

ここで作られた砂糖は、ウチワヤシの葉で包んで売りに出すらしい。時間が経っても味

ウチワヤシの樹液を鍋で煮詰めていくと、やがて水飴状のヤシ砂糖になっていく。

が変わらないから観光客に人気があるという。

月明かりの下、宴は続いた。

ふと横を見ると、女たちが白いものを食べている。ウチワヤシの実から削り取った果肉だ。それにヤシ砂糖を使った甘い汁がかかり、ペパーミントの香りがする。一口もらうと、果肉はゼリーのようだが、味はない。ところが、それにかけられた甘い汁のおかげで、見事なデザートに変身していた。

何から何までウチワヤシづくしの食卓だ。ウチワヤシをカンボジアの人々は大切にしてきた。樹液を採取する時も、全ての花穂を使うわけではない。あくまでも、ヤシに負担をかけ過ぎないように気を配っている。その結果が現在あるカンボジアの風景を作ってきたのだ。

宴は夜遅くまで続いた。男も女もよく喋っていた。カンボジア語を知らない私には会話の内容はわからないが、そんなことはどうでもいい。

まろやかな味の食事と爽やかな酒、住居までも全てがウチワヤシからの恵みだ。私は酔って横になった。女が枕を頭の下に差し込んでくれた。気持ちがやわらぐ枯れ草の香りがするウチワヤシの葉で編んだ枕だ。

男たちの騒ぎは、まだ続いていた。

カンボジアの片田舎、村人とともに時間を過ごせた充足感が私の心に満たされ、月の光と虫の音の中で私はまどろんでいた。

アンコールワット。数本のウチワヤシが見える。

ウチワヤシと家。簡素な家の周辺にも、取り囲むようにウチワヤシがそびえ立っている。

ウチワヤシと耕す人。牛を使って水田を耕す日常にもウチワヤシがそこかしこに見られる。

ウチワヤシと子供たち。収穫後の農地と思われる場所で子供たちが戯れる。

ウチワヤシの葉を
船で運ぶ。

ウチワヤシの葉を編む。

ヤシ砂糖の製品。「幻の砂糖」と呼ばれる後味がすっきりした素材なので、菓子としても人気。

# 第15章　孤島のヤシ

**漂流の物語でおなじみのシチュエーションは、インドネシアの旅の途中で現実に起こったのだった。「嵐の海」「ヤシが生えた孤島」「持ちものが役に立たない」……。**

青空に浮かぶヤシが一本生えた小さな島。ヤシの下にひげぼうぼうの漂流者が座っている漫画を見たことがある。

私は子供の頃から、もしこのような島に流れ着いたら食物や水、住居などをどうするかという、ほとんど現実味のない空想をしていた。『ロビンソン・クルーソー』や『十五少年漂流記』などを読みながら、いつかは経験するに違いないと心のどこかで覚悟を決めていた。

その空想は数十年後に、突然、現実のものとなった。

探検博物学者アルフレッド・ラッセル・ウォレスの足跡を辿るためにインドネシアの島々を旅していた時のことだ。

一九八〇年三月、ハルマヘラ島で取材を終えた私は、ウォレスが一八五八年一〇月一六日に訪れたというカヨア島に小型ボートで向かうことにした。彼はカヨア島で「これほど多くの甲虫を見たことがない」と書いていたので私の胸は膨らんでいた。ハルマヘラ島か

孤島の海岸線に生えたヤシの木。

ら五～六時間で行けるという。

早朝四時から船外機付きボートを走らせていると、真っ黒な雲が空を覆い始めた。波も高くなり、豪雨が襲ってきた。船はコントロールを失った。雨は船を叩き、日が出ているはずなのに夜のように暗くなった。船は大揺れして海水が容赦なく入り込み、船が傾くと、ザーッとそれが出てゆく。

操縦していた若者が「船外機が壊れた」と叫んでいる。豪雨の中で船外機を分解し始めた。私は船のシートカバーを頭からすっぽりかぶり、放り出されないように船縁《ふなべり》にしがみついていた。

若者はしばらく船外機と格闘していたが、諦めてシートの中に入ってきた。

「どうするんだ」と聞くと、「なんとかなる」

集落では少年も働き、ココナツを運ぶ。

と言って船底にゴロンと横たわった。

私は不安に包まれたまま、疲れて寝込んでしまった。

突然エンジンの音が聞こえた。船外機は直ったようだが、船内は水浸しだ。

たぶん、昼過ぎだろう、空は晴れ渡っている。「カヨア島に向かう」と、若者は何もなかったように操縦している。

やがて、島がいくつか見えてきた。いちばん大きな島がカヨア島だという。私は奇跡だと思った。

若者が船から荷物を降ろす時、私のバッグから海水が滴《したた》るのが見えた。すぐにビニール袋から機材を取り出し真水につけた。フィルムも荷物に押しつぶされたせいかキャップが開いてしまっている。その後、熱帯の直射日光に三時間ほど当てた。翌日も何度か繰り返しカメラを操作してみた。二台のカメラともミラーは上がるが、シャッター幕が走らない。力が全身から抜けていった。

カメラとレンズを洗っては乾かす作業を繰り返した。その間、できることは再挑戦の時に備えて、島の調査しかない。

ウォレスはどこで甲虫を見たのだろう。遥か遠くに見える森だろうか。

改めて島を眺めるとヤシの豊富さに驚く。特に海岸線に多い。ココヤシ以外にサゴヤシが目につく。

集落にはサトウヤシ（*Arenga pinnata*《アレンガ ピナータ》）も生えている。前章で採り上げたウチワヤシ同様、花穂を切り取り、竹筒をあてがい樹液を採取する。樹液を煮詰めるとグラ・メラ（赤い砂糖＝インドネシア語）という砂糖ができあがる。

カンボジアで味わったウチワヤシの砂糖よりもやや濃い味で、上品な黒砂糖といったところだろうか。

島で最も多いのがココヤシだ。

ウチワヤシ同様、ココヤシも木全体が生活に利用される。実（ココナッツ）の中にはタネ

パペダを作る女性。

が入っている。タネの中心部には果汁が詰まり、清潔な水が得られる。タネの内側にはゼリー上の胚乳《はいにゅう》が張り付き、ほんのりと甘い、栄養価の高いおやつになる。実が熟成すると胚乳は固形化し（コプラという）、これを粉状にして水とともに絞ると、ココナツミルクが取れ、乾燥したコプラからはヤシ油も採取される。コプラを細かく粉砕して、乾燥保存することも可能だ。殻は乾かして、燃料として利用される。葉は屋根を葺く材料にもなり、幹は燃料や板としても利用される。捨てるところはないのだ。

インドネシアの村では、村長宅に泊まるのが習慣だ。夕食のメニューは毎日ほぼ同じで、その日に獲《と》れた魚を塩あるいはココナツミルクで煮たものだ。ほんのりと甘く、白身魚の煮付けには最適と思われた。

主食は通常はパペダと呼ばれるサゴヤシ澱粉を湯で練ったものだが、その日はサゴヤシ澱粉をパンのように固めて焼いたサゴパンが供された。中にサトウヤシから作ったグラ・メラが塗り込んであった。

中央の色の濃いものがグラ・メラ。

サゴパンは硬い食パンのようで、焼けば食べられるがかなり粉っぽく、すえたような匂いが鼻につく。ウォレスはジャムを塗って食べたようだが、一年以上も保存が利くので孤島では重要な保存食となっている。

一週間の滞在中、結局カメラは作動しなかった。

グラ・メラを塗り込んだサゴパン。

「またここに来よう」壊れたカメラのシャッターを無意識に何度も押しながら、私は自分に言い聞かせていた。

漂流してもヤシのある島に辿り着ければ、生き残ることは不可能ではない。

南の島はヤシで生きていることを確信した旅だった。

※この章の写真は、カヨア島へ向かう前にハルマヘラ島で撮影したものです。

ココヤシが生える風景。149ページ掲載の写真の候補だったもので、奥のほうのものも含めて斜めに生えていることがわかる。

ココヤシ。本編のシチュエーションに一番適したアングルだったと思われる。

サトウヤシの樹液を集める人。

ココヤシにのぼる少年。

パペダ。食物繊維が豊富で栄養価が高く、水飴のようで味はとても薄い。スープや魚など、料理と合わせて食する。

サゴパンを売る女性。

# 第16章　マリポサの漁

**渡りをする蝶を撮影するために訪れたメキシコで、アステカ人たちの食生活を想像する。原産の野菜、湖に棲息する魚も貴重なタンパク源だったはずだ。立ち寄った湖で見かけた優雅な漁法には、奇しくもアステカ人たちが親しんできた蝶を意味する名前が付けられていた。**

メキシコ先住民であるアステカ人は、蝶に強い興味を持っていたようだ。テオティワカンの遺跡にある小さな石積みの部屋に、「蝶と戯れるアステカ人」を描いた、まだ色が残る美しい壁画がある。その蝶の名前を特定はできないが、アステカ人がいかに蝶を意識していたかが窺《うかが》い知れる貴重な壁画だ。

アステカ人が蝶を意識していた理由の一つに、モナルカ蝶（和名：オオカバマダラ、現地呼称ではマリポサ・モナルカ）の存在があると、私は考えている。冬を迎える一一月末から、数限りないオオカバマダラが、越冬のため、北米からミチョアカン州に渡ってくるのだ。その数は何千万と言われ、ミチョアカン州の越冬地にあるオヤメルの木はオオカバマダラで覆い尽くされる。

渡りの途中にある町の人々は、突然現れる蝶の群れを不思議な気持ちで見るのだろう。

蝶と戯れるアステカ人の壁画。

また、メキシコシティの四〇〇キロほど北北西にあるサン・ルイス・ポトシでは、今でも移動中のオオカバマダラを捕まえて翅をむしり取り、腹部を油で炒めて食べる習慣があるという。越冬のために南下するオオカバマダラの体内には、脂肪が蓄積されているからだ。

北米から渡ってきたオオカバマダラは、ミチョアカン州の山で冬を越し、翌年の三月初めに次々と北に向かって飛び立つ。この越冬の様子を取材しようと、一九九〇年頃からたびたびミチョアカン州を訪れた。滞在するのは、アンガンゲオという街。標高は二九八〇メートルで、越冬地に最も近い。

アンガンゲオの街は中央にソカロ（広場）があり、古い教会が立っている。教会の奥には市

オヤメルの木を覆い尽くすオオカバマダラ。

場と食堂があり、庶民の集う場所にもなっている。私は毎日その薄暗い食堂で、トルティーヤと薄い牛肉のステーキなどを食べた。市場にはどこか古代を想起させる雰囲気があり、スペイン人が入ってくる前、アステカ人たちの食事はいったいどのようなものであったかを考えてみた。現在、メキシコではトルティーヤを主食として、牛肉や野菜、サボテンなどが食されている。これらの食材は果たしていつ頃から利用されてきたのだろう。

　トルティーヤはトウモロコシが原材料で、これは中南米が原産。日本で言えば、コメにあたるものだ。トルティーヤで肉や野菜を包み、ソースをつけて食べるタコスが一般的だ。

あるいは、お粥にしたり、蒸した肉などを包んで、餃子のような「タマル」を作ったりするほか、発酵させて酒を作ることもできる。

ほかの野菜に関しては、トマトやトウガラシはメキシコ原産であり、原産地ならではの多様なトウガラシが今でも広く利用されている。ジャガイモも南米原産なので、アステカ時代にも利用されていたと考えられる。サボテンも古くから自生していただろう。

問題は肉類、特に牛肉だ。

牛は、エルナン・コルテス率いるスペイン人が、一五一九年、アステカ征服に乗り出した際にもたらしたものとされている。現在、国土の多くを占める牧場の土地も、スペイン人が入ってくるまでは豊かな森や草原であったに違いない。

アステカの人の食卓を考えてみよう。トウモロコシと野菜は今とほぼ同等のものがあり、豊かな森からは、グリーンイグアナや野ネズミ、鳥なども獲れたことだろう。そう考えると、アステカ時代と現在では肉の種類以外にさほど大きな違いはないように思える。そして、メキシコにはいくつか大きな湖があり、当時もそこから魚を獲っていたはずだ。

たとえば、オオカバマダラの越冬地から二〇〇キロほど西方に向かうと、標高二〇四五メートルのパツクアロ湖がある。面積は二六〇平方キロと広く、湖の中のハニツィオ島は

アンガンゲオの街並み。

観光地となっている。

　取材を終えてこの湖を訪れ、散策している時、漁をしている様子が目に入ってきた。一人乗りのカヌーに乗る白い衣装の漁民が、大きな丸い網を手にしていた。五艘ほどが集まり、大きな弧を描くように静かに舟を動かしている。ある一定の時間が来ると、五艘が網を静かに水に入れながら寄り集まる。魚を追い込んでいるのだ。舟が一カ所に集まると、網を引き上げ、中に入った小魚を箱に入れる。

　そして、再び互いに離れてゆく。静かで穏やかな漁だ。

　獲れたのは、ワカサギに似た白く光る小魚だ。岸辺では、獲りたてを揚げて売って

蝶の翅のような形の網を使うマリポサの漁。

いた。食べてみると、クセのない美味しい小魚で、トウガラシと塩をかければ、飽きのこない唐揚げといったところだ。よく見ると、四～五種からなり、いずれもパックアロ湖特有の種だという。

漁を終えて戻ってきた漁民と、少しだけ話をした。

この漁は「マリポサの漁」と呼ぶそうだ。マリポサとはスペイン語で蝶を意味する。確かに、使っている網は、蝶の翅のように広く丸い。魚を追い込み、掬《すく》い取る時に網が大きくしなやかに「羽ばたく」。

横で話を聞いていた漁師が「モナルカの漁」とも呼んでいると付け加えた。越冬地から二〇〇キロ以上離れているが、マリポサ・モナルカ＝オオカバマダラはパツクアロ湖にも時々飛んで来るらしい。

考えてみれば、深い森でトカゲや野ネズミを捕まえるのに比べれば、湖に棲む魚は小さな仕掛けでいくらでも獲ることができる。アステカの人たちはタンパク源として魚を大いに利用していたのではないだろうか。

諸説あるが、オオカバマダラの渡りは、約一万年前、北アメリカを覆っていた氷床が後退した頃に始まったとされている。メキシコに住んでいたオオカバマダラは北アメリカの氷床後退にともない北上したのだが、冬季になると、寒さに耐えきれずに南へ戻る。この小さな繰り返しが、現在の大きな移動を作り出したと考えられる。

たかが一種の蝶だが、メキシコの人々にとっては季節を知らせる重要な存在なのだ。その重要性がメキシコ文化に大きな影響を与えてきたように思えた。

テオティワカンの遺跡。紀元前2世紀〜6世紀まで栄えた宗教都市の廃墟をアステカ人が13世紀に発見、「神々が集う場所」として名付けた。1987年に世界遺産登録。

# 第17章　ジャガイモの力と人間の叡智

**身近でありながら、意外に保存が難しいジャガイモ。アンデスの高地の厳しい気候と環境で編み出されたものと同じ加工法が、日本でも独自に確立されていた?**

主食として成り立つにはいくつかの条件がある。まず食べ飽きないものであること、収量が多く安定的に収穫できること、栄養価があること、保存できること、調理が簡単なことなどが必要になる。

現在主食となっているものには、コメ、小麦、トウモロコシ、ジャガイモ、キャッサバなど穀類と芋類が大半を占めている。何が主食に選ばれるかはその土地の気候や土壌、好みなどにより異なり、生活の変化に伴って主食も変化してくる。

何を主食としているかにかかわらず、一番の問題は季節性がある収穫物をいかにして蓄えるかである。コメや麦、トウモロコシのように保存性に優れている穀類に比べ、芋類の場合は含まれる水分や澱粉が多いため、腐りやすく保存が非常に難しい。

熱帯に産するキャッサバは「地球を救う芋」とまでいわれ、生産性が高いうえ、荒地などでも生育できる。栽培地が主に熱帯なので年間を通じて収穫されるが、病気や干魃《かんばつ》により収穫が減る危険性があり、保存の必要性がある。

インカ帝国の遺跡マチュピチュの段々畑にジャガイモが植えられていた。

キャッサバの澱粉を抽出して乾燥させたものがタピオカとして保存されるが、これを主食にすることは必要条件を満たしていないので難しい。

キャッサバは芋を薄く切って乾燥させると保存食にできるが、すぐに劣化して匂いや味が変化してしまうので長期保存には向かない。キャッサバが現在もてはやされているのは、どこでも生育するので一地域で収穫できなくなっても他の地域から供給できるという強みがあるからだろう。キャッサバの保存の必要性を強く感じない理由はここにあるのかもしれない。

ジャガイモも保存が難しいが、現在では冷凍技術や加工技術が発達し、冷凍や粉にして保存できる。しかし、一般家庭でこの加工をすることは難しく、製品として買うしかない。

一九八二年にネパールをトレッキングした時、家の土間にジャガイモが山と積まれていたのを見たことがある。どのくらい持つのか聞いてみると、数カ月らしい。よく見ると、下の方のジャガイモはなかば腐っているものが多数見受けられた。ジャガイモは風通しの良い涼しい場所に保管すると長持ちするので、ネパールの方法は理にかなっているのだが、それでも長期保存は難しいのだ。

一九八四年の二月、インカ帝国の首都だったクスコから車でアンデス山脈に入っていった。目的は高山に棲む昆虫の撮影だったが、ホテルがあるわけではなく、たまたま知り合った家族の家に居候することになった。

原産地である南アメリカでは、多くの地域でジャガイモが主食となっている。ここには気象条件を利用してジャガイモの保存に成功している良い例がある。そこで見たのが「チューニョ」という、ジャガイモを乾燥させたものだった。話には聞いていたが、初めて見た時は真っ黒な石ころにしか見えなかった。触るとカチカチで、カビ臭いような、干し椎茸のような、そんな匂いがする。

この乾燥ジャガイモを一日かけて水で戻し、スープの具にして食べるわけだが、その香りが鼻について食欲は減退した。宿泊第一夜は予想通りチューニョやニンジン、トウガラシなどが入ったスープが出てきた。部屋が暗いのでよくは見えなかったが、塩辛い肉が入っている。その肉の匂いがチューニョのカビ臭さと相まって私は吐き気を催したが、居候の身としては食べないわけにはいかない。無理やり喉に押し込み必死で嚥下《えんげ》した。

家族を見ると、美味しそうに食べている。不思議なことに、私は匂いに辟易《へきえき》しながらも食べたものの旨みを感じていた。慣れてくると、美味しくなるのだろう。翌日も同じような料理が出てきたが、匂いが弱く皮がついていないジャガイモが入っている。「モラヤ」と呼ぶらしい。アンデスでは二種類の乾燥ジャガイモが作られていることを初めて知った。

アンデスの高地はジャガイモの原産地で、野生のジャガイモが自生している。野生植物は天敵の攻撃を避けるために何らかの毒を持っている。ジャガイモも同じで、ソラニンやチャコニンという強い毒を持ち、本来、人が食べるのには不適だ。しかし、他に食べられるものがない極限状況に置かれると、人の叡智がものをいう。食料に乏しく冬が長いアンデス高地で生き抜くために編み出されたのが、チューニョだ。

チューニョ作りはアンデスの冬に行われる。夜は凍《い》てつくように寒く、昼は気温が上がる。その激しい気象条件を利用して、掘り出したジャガイモを夜間の冷気に当てて凍らせ、昼になると溶けるので、その時に足でジャガイモを踏んで、水分を外に出す。ジャガイモがもつ毒は細胞内の液胞に含まれている。凍結し、解凍し、足で踏む作業を繰り返すと、細胞壁が破壊され、液胞内の毒も外に出てくるわけだ。結果として毒と水分が抜けた小石のような乾燥ジャガイモができあがり、数年間もの長期保存ができるようになるという。

モラヤは作り方が少し違い、凍らせたのち、日中は藁《わら》で覆ったまま水分を飛ばす。その後、流水に三週間ほど浸けるので手数がかかると言っていた。見た目は皮を剝いたジャガイモで、モラヤの方が嫌な匂いもなく食感がシャキシャキとして食べやすい。ただ流水により栄養価が失われることもあり、モラヤだけを食べ続けることはないと聞いた。

私が山梨県に越してきて驚いたのが、チューニョと同じような食品が「凍み《し》芋」として作られていることだった。凍み芋は北海道や東北など各地で作られていて、作り方もチューニョとほぼ同じだ。日本にジャガイモが伝来したのは一五九八年とされている。日本人がアンデスのチューニョを知るまでには時間がかかったはずなので、チューニョを真似したとは考えられない。凍み芋の生産地はいずれも冬の食物が得難いところなので、保存食作りの方法としてそれぞれ独自に考え出されたのであろう。凍み芋は食糧不足を補う重要保存食品だったが、今では食べ方も変わり、饅頭の材料のような嗜好品の一部として扱われている。

人は生きるために自然からさまざまなものを見出し、食べる方法や保存する工夫を重ねてきた。ジャガイモのように、たどり着いた保存方法が時代を超え、地域を超えて同じ方向性を持ったことに驚かされる。

# 第18章　奴隷に支えられた不思議な食べ物

**キャッサバという芋が各地に根付く一方、これを粉にして料理にまぶす食べ方は一部にしか定着していない。その起源には、現代では決して許されない奴隷制という負の社会制度の痕跡が見え隠れする。**

植物は多かれ少なかれ毒性物質を持っている。植物は動けないうえ、美味しそうに見える実や葉をつけるので、虫や鳥などの天敵から狙われ放題となる。それを防いでいるのが、植物体内で生産されるさまざまな毒だ。たとえばコンニャクのシュウ酸カルシウムは人にとって強い灰汁《あく》となり、ジャガイモのソラニンやチャコニンは食中毒のもととなる。しかし、人は長い歴史の中で、それらの毒抜きをする方法を編み出し、食生活を続けてきた。

この連載で数回取り上げてきたキャッサバは、根が太く、成長すると山芋のように巨大な芋ができ、澱粉質やカルシウムに富む食料となる。キャッサバには甘味種と苦味種があり、苦味種は強い青酸性の毒を持つ。一方、甘味種には毒がほとんどなく、そのまま茹でて食べることができるが、芋が小さく、毒抜きをした苦味種の方が美味しいなどの特徴がある。最近流行《はや》りのタピオカは、キャッサバから抽出されている。また、もっとも毒が集積する葉は、湯がくとほうれん草のような食感で、インドネシアでは西スマトラを代表す

小川でキャッサバの毒抜きをするコンゴ民主共和国の子供。

るパダン料理に必ず添えられる。パダン料理には生鮮野菜が使われないので、キャッサバの葉は口直しにも最適だ。

巨大な芋の厚い皮を剝くと、白っぽい可食部が現れる。それを茹でて最初の毒抜きをして、数日間流水につけ、さらなる毒抜きをする。その後、水から引き上げて干すと、発酵が始まり、毒が消える。現在では工場などでこの作業を行うが、人里離れた場所では各家庭でこの毒抜き作業を行う。コンゴ民主共和国のキサンガニ郊外では、一〇歳ぐらいの子供が流水に浸かりながら芋をさらす光景を見ることができた。

芋と葉を利用して残った茎は、適当に切り、土を起こした畑に放り込んでゆくと、そこから再びキャッサバが成長する。

野生化したキャッサバ。

現在、キャッサバは熱帯を中心に世界中に分布を広げている。荒地でも生えるので栽培が簡単なことから、今後の食糧不足を解消する切り札として期待されている。原産地は中南米の平地で、一六世紀初頭のポルトガル人のブラジルへの入植により世界に広がることとなる。当初、ポルトガル人は現地に住むインディオを奴隷化し、ブラジルの土地と気候を利用して砂糖などの生産にあたらせたが、やがてアフリカ人の奴隷を使うようになり、アフリカとの行き来が始まった。この往復で奴隷に与えられたのがキャッサバで、これをきっかけにアフリカにもキャッサバがもたらされることに繋がる。キャッサバはうまく加工すれば日持ちがするので、長い航海に適していた。しかも、茹でたキャッサバは、甘くないサツマイモのようで飽きがこない。

奴隷の食事にはエネルギーが多いものが好まれる。十分に働かせるための安くて栄養価の高いものが必要になる。そこで、キャッサバを主食として、副食に作られたのがインゲン豆と豚肉や牛肉の動物性脂質を煮込むフェジョアーダだ。

一九八五年に初めてブラジル・サンパウロを訪れた時のこと、素焼きのポットで真っ黒なフェジョアーダが供された。肉と豆がドロドロと煮込まれたフェジョアーダは塩気が強いうえ油っこく、私にはかなり印象深く残ったのだが、それ以上に不思議に思ったのが、キャッサバを加工したファリーニャと呼ばれる粉だ。

アマゾン川流域では時々見かけたが、直径二メートルほどもある大きく浅い鉄鍋を火にかけ、細かくしたキャッサバを入れ、カヌーの櫂《かい》で焦げないように大きくかき混ぜてゆく。焦げないように大きくリズミカルに櫂で焼いてゆくと、香り高く日持ちがするキャッサバの粉、つまりファリーニャができあがるわけだ。

私がフェジョアーダを食べた時、山盛りのファリーニャが別の器に添えられていた。周りの人たちはファリーニャをフェジョアーダにどさっとかけ、大きなスプーンで混ぜて口

ファリーニャは炎天下、草葺き屋根の小屋で作られることが多い。大きな鉄板や鉄鍋にキャッサバの粉を入れ、カヌーの櫂を使って焦げないように炒めると香ばしいファリーニャができあがる。アマゾン川に近いマナウスの郊外で撮影。

に運んでいる。ファリーニャは香ばしく、噛むとプチプチと弾けるような噛み心地がなんとも言えず美味しく感じた。

ところで、キャッサバは世界各地に広がったが、ファリーニャはなぜ広がらなかったのだろうか。アフリカ中央部やインドネシアではキャッサバの加工品が多く売られているが、ファリーニャは見たことがない。ブラジル以外でファリーニャを食べたのは、東ティモールだけだ。しかし、ブラジルのファリーニャほど香ばしさは感じられず、食感も悪かった。調べてみると、東ティモール以外にもファリーニャを食べている国はあるものの、それほど一般的ではなく、知名度も低いことに気がつく。

　これは奴隷制があったかどうかに繋がってくる。奴隷は大きな鍋にフェジョアーダとファリーニャを入れ、大勢で鍋から直接食べていたとされている。芋のままで食べるより素早く大量に栄養素をかき込むことができるのは、奴隷にとって重要な問題だ。かくして、奴隷制の名残としてフェジョアーダとファリーニャはいまだに残り、ブラジル人には欠かせない料理となっている。

　二〇一〇年に何度目かのブラジル旅行をした。食堂に入ってもフェジョアーダがメニューになく、金曜日のみ食べられると書いてある。いつも洗面器に入れられ、テーブルにドスンと置かれていたファリーニャも、小さな器でふりかけ用としてしか置かれていない。ブラジルに住む友人に聞いたところ、両方とも太るので提供を制限している食堂が増えたということだった。

　確かに粉物は太るし、脂身たっぷりの豆煮込みも太る原因になるとしか考えられない。奴隷制が支えてきたブラジルの伝統食生活が、現代の事情で変化する。その様子に寂しさを感じてしまうのは私だけではなく、ブラジルの人たちも同じなのかもしれない。

ブラジル北部アマゾン川流域ではファリーニャがよく作られ、南部のサンパウロやリオデジャネイロなどでも広く食されるようになった。

# 第19章　悪臭が芳香に変わる時、テラシ

**東南アジアのエスニック料理に欠かせない、発酵調味料テラシ。強烈な匂いの半面、一度口にすれば、その味わいが病みつきになる。撮影で訪れた小島で作られるテラシに海の恵みの豊饒さを感じる。**

東南アジアを旅した人なら一度は嗅いだことがあるに違いないあの香り。ローカルな市場や街の食堂の前を通った時に、まるでその一帯を覆い尽くすように漂ってくるのが「テラシ」の匂いだ。多くの人は顔をしかめるが、その魅力を知る人は鼻の穴を大きくして恍《こう》惚《こつ》となる。

インドネシアではテラシあるいはブラチャン、タイやミャンマーではカピなどと呼ばれ、エスニック料理には欠かせないペースト状や固形の発酵調味料で、原材料はオキアミと塩だ。

二〇〇〇年一二月未明、私はニューギニア島の西にあるソロンの港を、幅一メートル、長さ八メートルほどの小船で出航した。目的地は六〇キロ先のワイゲオ島ベオ村だ。この辺りには雨季になると無数のホタルが木に集まり、まるでクリスマスツリーのように輝くという。

ワイゲオ島ベオ村の遠景。

島でガソリンの供給は受けられないので、往復分の燃料を積んでの航海だ。焼け付くような太陽のもと、赤道直下の鏡のように静かな海をひたすらワイゲオ島に向かう。

ベオ村はワイゲオ島の湾内にある小さな村なのだが、湾口は狭く、潮の流れが激しい。潮に流され、湾内に入り込めないこともしばしば起きるという。

湾口に差し掛かると、荒波が立ち、潮流が速くなった。船がスピードを上げた。潮を突っ切ろうというのだ。何度か横へ流されながらも、無事入り込むことができた。

湾口を抜けると、再び静かな海面に戻った。しばらくゆくと、水上家屋が見えてきた。村は険しい海岸に張り付くように左右に広がり、幅

オキアミを木の枠に詰め込む。

は一キロもない、奥行きは五〇メートルほどで、切り立った山を背に四〇戸ほどの家が立ち並んでいる。

私は船頭の知り合いの家に居候を決め込み、夕方になるとホタルの集まる木を探して湾内を船で巡った。その日の気温や湿度などで集まる場所が違ってくるのだが、ガソリンのこともあり、広範囲には動けない。四日目にしてようやく一本の木を見つけ出した。辺りが暗くなり始めると、どこからともなく、ホタルが一頭、また一頭と、樹高三メートルほどの木に飛来し、八時ごろには無数のイルミネーションを点《つ》けたように、一斉に点滅を始めた。

ホタル撮影を終えたある朝、海岸に出てみると、女性が木の枠にオキアミを詰め込んでいるのを見かけた。テラシ作りの最中だ。テラシは工場で大量生産されることが少なく、多くは家族や仲間でほそぼそと作られているのだと聞いた。そのため、テラシ作りを目の当たりにすることはあまりない。

女性は味を見ながらオキアミに塩を混ぜ込んでゆく。この塩加減が味と発酵度を決めるらしい。塩を混ぜ込んだオキアミはまだ真っ白で、光り輝くように美しい。オキアミの塊はいったん広げて混ぜられ、強い太陽光にしばらくさらされてから木の枠に詰め込まれてゆく。

木の枠から外されたオキアミが、天日の下で発酵を始める。

木の枠に詰め込まれたオキアミは赤道直下の高温多湿の環境下、一週間もすると発酵が始まり、あの香りがしてくる。この作業を最低二週間、長い時には半年繰り返すという。

テラシは作り手によって味や深みが違うと友人から聞いたことがあるが、この作業を見て納得した。

その日の夕食は私が持参したインスタント・ミ・ゴレン（焼きそば）だった。テラシの香りが心地よい。単なるインスタント焼きそばをここまで深みのある味に仕立てたのはテラシの力だ。それもそのはず、テラシはグルタミン酸、アラニン、ロイシンなどの遊離アミノ酸が豊富に含まれているため、旨味、苦味成分などが複雑に絡み合い、味に奥行きを持たせているのだ。

テラシは東南アジアの食の根幹をなすものだ。ほぼ全てのインドネシア料理、例えばナシ・ゴレン（焼き飯）やルンダン（肉の煮物）、マレー料理の定番であるナシ・レマ（ココナツミルクで炊いたコメ料理）のソースなど、テラシがなければ成り立たない。インドネシア料理に限らず、東南アジアの料理の全てにテラシが使われていると言っても過言ではない。調理を進める中、テラシを適量入れてさらに炒めてゆく。すると、あの異臭に変化が起きる。熱せられた油のエネルギーと食材の香りが相まって、あの強烈な匂いがエスニックな食欲をそそる芳香に変わる。料理は吸い込まれそうになるほどの魅力的な味わいに変わり、人は魅了されてゆくのだ。

女性が仕込んでいたオキアミは、ご主人が一人で獲りにいったという。バケツに一〇杯ほどなら、半日もあれば捕獲できるという。

ひと潜りで、ザルいっぱいに貝が採れる。

ある日、村の女性が貝を採りに行くというので、船に乗せてもらった。村から三〇メートルほどのところに船を止め、女性が大きなザルを持って潜った。水深はせいぜい二メートル。浮き上がってくるまで一分もかからなかった。浮き上がってきた女性が手にしたザルには赤貝のような貝が溢れるほどに満たされていた。

貝に限らず、魚は糸を垂らすと際限なく釣れる。豊饒の海にかこまれているのだ。

ベオ村には電気も水道もない。外からの食料供給もほとんどない。二〇〇人足らずの島民はほぼ自給自足の生活をしていた。この狭い空間で村人たちが余裕を持って自給自足できているのは、この豊かな海があるからだ。

おそらく、これが本来の海の姿、地球の姿なのだろう。

型に詰め込まれたオキアミ。188ページの写真と189ページの写真の間に相当する。

# 第20章　胡椒を食べる

**古くは、その希少性から戦争のきっかけにもなった胡椒《こしょう》。粉状にして少量をスパイスとして使用するのが常ではあるが、これを実のまま丸ごと食材として扱う国もある。食文化の多面性を知るタイの料理に出合う。**

胡椒の歴史は古く、紀元前五〇〇年代にインドで生産されたものが古代ギリシャで利用されたことがわかっている。肉の保存や味付け、薬としての利用など重要な香辛料として欠かすことができなかった。

しかしながら、希少価値が高く、胡椒を巡っての争いは延々と続くことになる。当初は東ローマ帝国が胡椒の交易ルートを持っていたが、帝国の滅亡（一四五三年）と共にポルトガルを筆頭にヨーロッパ各国が交易ルートを求めて争う「胡椒戦争」まで起こることになる。

このように胡椒の歴史一つとって見ても興味深いのだが、ここではもう少し身近な話題を取り上げる。

我々は胡椒を「塩コショウ」として香りづけや下味をつけるために利用することが多い。これには胡椒の実を乾燥させ挽《ひ》いて粉状にしたものを利用する。胡椒は大きく黒胡椒（ブ

ダヤク族の胡椒栽培地。支柱を立てて茎を絡ませる（写真奥）。

ラックペッパー）や白胡椒（ホワイトペッパー）に分けられているが、黒胡椒は未熟果実を乾燥させたもの、白胡椒は完熟果実の皮を剝いて乾燥させたものだ。それぞれに味わいが違うのが楽しい。

私が頻繁に取材に出かけるのがタイだ。タイの昆虫の多さ、多様性や生態の面白さは群を抜いている。例えば、今やアジアの他の国では珍しくなった蝶の乱舞が、タイではいまだに見られるほどだ。息をすることができないほどの「蝶吹雪」の中に身を置く心地よさは何物にも代え難い。加えて、旅のルールさえ守ればかなり安全に取材ができる。山に入れば野生の象やコブラに出会うことがあるが、注意深く行動し、ある程度の距離を置けば襲ってはこない。

胡椒の若い実。フサ状に実り、若いものを食材として利用する。

何よりも魅力的なのが、タイ料理の数々だ。時々タイ料理を食べるために旅の計画を立てることもあるほどだ。

タイ料理の多様性は昆虫と相通じるものがある。市場にゆけば一年中溢れんばかりの食材が売られている。食材は季節に応じて少しずつ変化し、マメ科の花、コンニャクの茎など、私たちが見ても使い方の見当がつかないものまで、ありとあらゆるものが売りに出されている。タイの市場を見ていると、自然に存在するものはすべて食べられるのではないかとすら思ってしまう。

私が初めてタイを訪れたのはもう四〇年ほど前のことだが、その数年後、象の糞を食べて育つ甲虫セアカナンバンダイコクコガネの生態を調べるためにチェンマイの郊外に家を借りて住んだことがあった。約一年間の滞在だったが、近隣の人たちは毎日のように私を夕食に招いてくれた。驚いたのは、毎日献立が替わることだ。豪華なものはほとんどないが、彼らは多様な食材、多様な味付けで私を楽しませてくれた。板の間にゴザが敷かれ、料理の皿が並ぶ。それを取り囲むように家人と私が座り、自分の皿に好きなものを取って食べる。当然、箸もスプーンもなく、手でつまむようにして食べる。家人の顔には笑みが浮かび、食事をいっそう楽しくする。

ダヤク族のご夫婦。ダヤク族のほとんどの人々は町に住み、ごく普通の生活をしている。

六月のある日、いつもと同じように食事に招かれた。その日はもち米が主食、副菜に野菜スープ、つみれの煮物、それに魚介が入った野菜炒めのような一品が準備されていた。野菜炒めを皿に取り、口にすると、プチッと弾ける小さな実が入っていた。弾けた瞬間、ピリッとした刺激が口に溢れ、野菜炒めの味を引き締めた。家人に尋ねると、「プリックタイ」だという。タイ語を知らない私はその言葉をすぐに忘れてしまったが、料理のことは記憶から消えることがなかった。

その後もタイに頻繁に出かけ、あの野菜炒めを探し続けた。一九八八年、再び六月にタイを訪れた時に、食堂で一番人気という魚介野菜炒めの「パッチャー」を勧められた。出てきたのは、果たしてあの四〇年前の野菜炒めに似ている。エビ、イカ、青野菜、モヤシなどに混じって直径三ミリほどの緑色の実が散らしてある。直感的に「これが記憶に残る刺激の正体だ」、と思った。

店で聞くと、これはプリックタイ、つまり胡椒だと確認が取れた。しかし、私の知る胡椒は乾燥した黒い粒で、硬く、このように緑色ではない。

普段使っている胡椒とパッチャーの胡椒が結びつくまでに時間がかかった。

ボルネオ島のサラワク（マレーシア）でダヤク族の家に泊めてもらった時のこと、その家族が胡椒を栽培していると聞き、畑を見せてもらった。蔓《つる》性の胡椒の大きな株を支柱に

魚介と野菜の炒め物、パッチャー。丸い胡椒の実が多数のっている。

絡ませて栽培する。葉と葉の間にフサ状の胡椒の実がいくつもなっていた。パッチャーの胡椒はこの若い状態のものをそのまま料理に使っていたのだ。胡椒の結実期は六～一〇月頃までと意外に短い。だから、食べる機会も少なくなるというわけだ。

しかし、なぜ原産地とされるインド、タイの近隣諸国ベトナム、マレーシアで若い胡椒の実が料理に使われないのか不思議だ。

これはあくまでも私個人の考えだが、若い胡椒の実がすぐに手に入り、料理に多様性があることが必要だ。栽培地であっても、インド料理、あるいはインドネシア料理やベトナム料理に若い胡椒の実を利用するようなものはない。それぞれの料理の方向が違うのだ。カンボジアはタイ料理の影響を受けているせいか、一度だけパッチャーのような料理を食べたことがあるが、一般的ではない。

タイ料理に多様性があるからこそ、通常、香辛料として使われている胡椒が、タイ料理では食材の一つとして愛されているのだ。

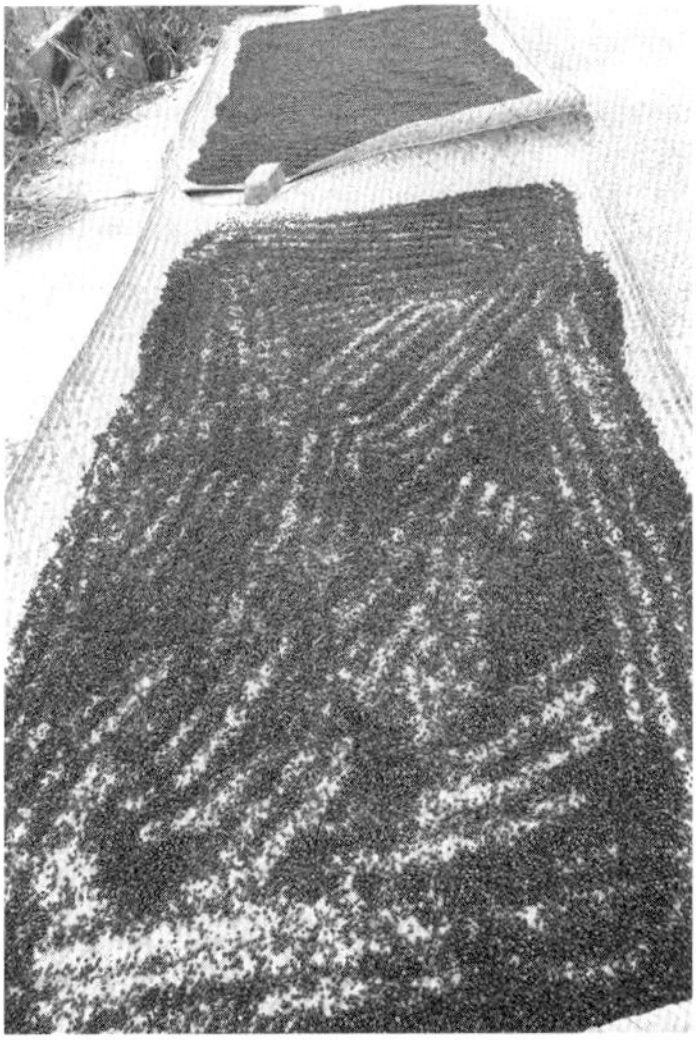
熟した胡椒を乾かす。

パッチャー。201ページ掲載の写真の候補。料理を上から撮影したもので、見た目の派手さが伝わる。

# あとがき

考えてみても、想像が及ばなかった。

あれほど生命感に満ちた昆虫や植物の写真を撮影するためには、何が必要なのか。長閑《のどか》さなどない、本物の自然の中へ踏み込む冒険心。何日もの間、危険な生きものもいるはずの屋外に身を置き、暑さや寒さに耐えながら「求めている瞬間」を待ち続ける忍耐力。神経を研ぎ澄ませてシャッターを切る集中力——それだけだろうか。

被写体となる昆虫や植物が珍しい種類であるほど、人里から離れて棲息するものだ。撮影機材は何十キロ。これらを運ぶだけでも、現地の人々の手助けが必要になるはずだ。だがしかし、どうしたら、突然やってきた外国人が現地の人々から信頼され、協力を得られるようになるのか。金銭のやりとりがあるとしても、それだけの関係ではあるまい。

だが、本書をお読みくださった方は、もう理解されていると思う。

人に優劣をつけずに分け隔てなく接し、ふつうなら顔をしかめてしまいそうな異文化さえ、楽しみながら受け入れてしまう無垢な好奇心とおおらかさ。「尊重」というような、かしこまったものとは違うニュートラルな包容力——山口進という写真家の仕事を支えてきた秘密が何であるか、連載を続けるうちに自然にわかるようになった。そういえば、初めてお会いした日も、待ち時間に高まっていた緊張など、ものの数分で消えてしまった。付け加えるなら、探究心も並外れていた。外国語の文献や論文をむさぼるように読み込み、知識の量や見識は第一線の学者も顔負けだった。興味の範囲は昆虫や植物にとどまらず、国内外の歴史の話もよくされていた。

小さなものから大きなものまで、いろいろな約束を交わしてきた。「コの字の居酒屋に行ったことがなくて」「町中華の番組に出てた亀戸の店、気になるね」——どちらも東京で打ち合わせをする時にご案内するつもりだったが、コロナ禍の時勢で阻まれた。昆虫や植物への深い知識をたくわえ、さらに直接観察してきた著者だからこその企画も温めてきたが、実現はかなわなかった。

ただ一つ果たせた約束が、本書の刊行だ。

山口進さんが遺したものは大きい。写真家としての無数の作品は貴重な教材、資料でもある。多くの人、特に子供たちの目に届くような機会が増えればと願ってやまない。

「人は何を食べてきたか」担当者

本書は、「集英社クオータリー　ｋｏｔｏｂａ」二〇一七年秋号～二〇二一年秋号の連載「人は何を食べてきたか」を改題、一部加筆修正したものです。

山口 進《やまぐち すすむ》

昆虫植物写真家。一九四八年、三重県生まれ。大分大学経済学部卒業。「花と昆虫の共生」をテーマに世界各地で取材や撮影をした。NHK『ダーウィンが来た！』などのテレビ番組に出演。『地球200周！　ふしぎ植物探検記』（PHPサイエンス・ワールド新書）、『珍奇な昆虫』（光文社新書）など、知られざる昆虫や植物を紹介する著書多数。『万葉と令和をつなぐアキアカネ』（岩崎書店）で、第六一回（二〇二一年度）日本児童文学者協会賞を受賞。

昆虫《こんちゅう》カメラマン、秘境食《ひきょうしょく》を味《あじ》わう
人《ひと》は何《なに》を食《た》べてきたか

二〇二三年一二月一二日　第一刷発行

インターナショナル新書一三三

著者　山口《やまぐち》 進《すすむ》
発行者　岩瀬 朗
発行所　株式会社 集英社インターナショナル
〒一〇一-〇〇六四 東京都千代田区神田猿楽町一-五-一八
電話 〇三-五二一一-二六三〇
発売所　株式会社 集英社
〒一〇一-八〇五〇 東京都千代田区一ツ橋二-五-一〇
電話 〇三-三二三〇-六〇八〇（読者係）
〇三-三二三〇-六三九三（販売部）書店専用
装幀　アルビレオ
印刷所　大日本印刷株式会社
製本所　加藤製本株式会社

　ISBN978-4-7976-8133-8　C0295

## インターナショナル新書

035
### 光の量子コンピューター
古澤 明

常識を超える計算能力をもちながらエネルギー消費が極めて低い量子コンピューター。光を使う方式で開発の先陣に立つ著者が、実験成果やエピソードを交えつつ、量子力学の基礎から革新的技術までを解説する。

043
### 怪獣生物学入門
倉谷 滋

ゴジラ、ガメラ、『寄生獣』のパラサイト……、SFの一ジャンルを築いた怪獣たちを劇中の描写や科学の知見をもとに徹底検証。怪獣とは何か？ 荒唐無稽とは言えない、新しい生物学の可能性が拓かれる。

063
### 空間は実在するか
橋元淳一郎

空間と時間を当たり前に思ってはいけない。ピタゴラスの定理で相対論を理解すれば、その不思議に気が付く。予備校のカリスマ講師が満を持して放つ、空間と時間、さらに生命へと拡がる壮大な思考実験の一冊。

132
### 人物から読む 幕末史の最前線
町田明広

人が分かれば、幕末がわかる！ 徳川慶喜、ペリー、渋沢栄一…歴史に名を遺した二人は、何を決断し、どのように生きたのか。当時の政治状況とともに彼らの生き様を見直すと、立体的に幕末史が見えてくる。